Björn Braun

Umstrukturierung im Unternehmen

Lösungen zur Vermeidung
von unternehmerischer Mitbestimmung

Bachelor + Master
Publishing

Braun, Björn: Umstrukturierung im Unternehmen. Lösungen zur Vermeidung von
unternehmerischer Mitbestimmung, Hamburg, Diplomica Verlag GmbH 2012
Originaltitel der Abschlussarbeit: Unternehmerische Mitbestimmung und deren
Vermeidungsstrategien bei Restrukturierungsmaßnahmen

ISBN: 978-3-86341-332-3
Druck: Bachelor + Master Publishing, ein Imprint der Diplomica® Verlag GmbH,
Hamburg, 2012
Zugl. Universität zu Köln, Köln, Deutschland, MA-Thesis / Master, Juli 2011

Bibliografische Information der Deutschen Nationalbibliothek:
Die Deutsche Nationalbibliothek verzeichnet diese Publikation in der Deutschen
Nationalbibliografie; detaillierte bibliografische Daten sind im Internet über
http://dnb.d-nb.de abrufbar.

Die digitale Ausgabe (eBook-Ausgabe) dieses Titels trägt die ISBN 978-3-86341-832-8
und kann über den Handel oder den Verlag bezogen werden.

Dieses Werk ist urheberrechtlich geschützt. Die dadurch begründeten Rechte,
insbesondere die der Übersetzung, des Nachdrucks, des Vortrags, der Entnahme von
Abbildungen und Tabellen, der Funksendung, der Mikroverfilmung oder der
Vervielfältigung auf anderen Wegen und der Speicherung in Datenverarbeitungsanlagen,
bleiben, auch bei nur auszugsweiser Verwertung, vorbehalten. Eine Vervielfältigung
dieses Werkes oder von Teilen dieses Werkes ist auch im Einzelfall nur in den Grenzen
der gesetzlichen Bestimmungen des Urheberrechtsgesetzes der Bundesrepublik
Deutschland in der jeweils geltenden Fassung zulässig. Sie ist grundsätzlich
vergütungspflichtig. Zuwiderhandlungen unterliegen den Strafbestimmungen des
Urheberrechtes.

Die Wiedergabe von Gebrauchsnamen, Handelsnamen, Warenbezeichnungen usw. in
diesem Werk berechtigt auch ohne besondere Kennzeichnung nicht zu der Annahme,
dass solche Namen im Sinne der Warenzeichen- und Markenschutz-Gesetzgebung als frei
zu betrachten wären und daher von jedermann benutzt werden dürften.

Die Informationen in diesem Werk wurden mit Sorgfalt erarbeitet. Dennoch können
Fehler nicht vollständig ausgeschlossen werden, und die Diplomarbeiten Agentur, die
Autoren oder Übersetzer übernehmen keine juristische Verantwortung oder irgendeine
Haftung für evtl. verbliebene fehlerhafte Angaben und deren Folgen.

© Bachelor + Master Publishing, ein Imprint der Diplomica® Verlag GmbH
http://www.diplom.de, Hamburg 2012
Printed in Germany

GLIEDERUNG

A. Einleitung 1
B. Grundlagen 3
   I. Rechtsquellen 3
   II. Unternehmerische Mitbestimmung im verfassungsrechtlichen Kontext 5
   III. Die unternehmerische Mitbestimmung im europäischen Vergleich 6
       1. Unternehmerische Mitbestimmung in den Mitgliedstaaten der Europäischen Union 6
       2. Unternehmerische Mitbestimmung unter Einbeziehung supranationaler Rechtsformen 7
C. Nationale Möglichkeiten zur Vermeidung unternehmerischer Mitbestimmung 8
   I. Die Rechtsformwahl der Personenhandelsgesellschaften 8
   II. Wachstumsverlagerung in Tochterunternehmen 9
       1. Referenzperiode 9
       2. Ausgliederung verschiedener Geschäftsbereiche 10
       3. Zurechnung von Arbeitnehmern 10
       4. Ergebnis 11
   III. Die Umgehung der Schwellenwerte durch Leiharbeitnehmer 12
   IV. Wachstum im Ausland 13
   V. Holdinggesellschaft im Ausland 13
       1. Protektive Auffanglösung 14
           a. Widerlegung der Vermutungsregel 15
           b. Mindestanforderung an Teilkonzernspitze 16
           c. Zwischenergebnis 17
       2. Umgehung der Leitungsfunktion der Zwischenholding durch Beherrschungsvertrag 17
       3. Ergebnis 18
D. Europäische Möglichkeiten der Vermeidung unternehmerischer Mitbestimmung 19
   I. Gründung einer ausländischen Gesellschaft 19
   II. Grenzüberschreitende Verschmelzung auf eine deutsche Kapitalgesellschaft (Hereinverschmelzung) 20

		1. Rechtliche Grundlagen...	20
		2. Regelungen der Unternehmensmitbestimmung..................................	21
		3. Ablauf des Verfahrens der Arbeitnehmerbeteiligung...........................	23
		4. Der Verlauf der Verhandlungen...	24
		a. Verzicht auf Verhandlungen von Seiten der Unternehmensleitungen..	24
		aa. Gesetzliche Anforderungen an die Auffanglösung...........	24
		bb. Praktischer Sinn der Auffanglösung...............................	25
		b. Optierungsrecht des BVG für das Mitbestimmungsrecht des Sitzstaates	26
		c. Entbehrlichkeit des BVG bei Nutzung des § 23 I 1 Nr. 3 MgVG....	27
		5. Das Verhältnis von § 18 S. 1 zu § 23 I S. 1 Nr. 3 MgVG und die Auswirkung auf die Praxis...	27
	III.	Grenzüberschreitende Verschmelzung (Herausverschmelzung)......................	28
	IV.	Die Gründung einer Societas Europaea (SE)...	30
		1. Rechtliche Grundlagen und Entstehung der SE...................................	30
		2. Rechtsnatur und Gründung einer SE...	31
		3. Das Verhandlungsverfahren...	31
		a. Ablauf der Verhandlungsverfahrens...	32
		b. Bildung des besonderen Verhandlungsgremiums.....................	32
		4. Möglichkeiten des Verhandlungsverlaufs..	32
		a. Konsenserzielung...	32
		b. Scheitern der Verhandlungen..	33
		c. Schwellenwerte...	34
		d. Scheitern oder Nichtaufnahme der Verhandlungen von Seiten des BVG..	34
		5. Neuverhandlung nach strukturellen Änderungen nach Gründung der SE........	35
		a. Der Begriff der strukturellen Änderung...................................	35
		b. Bedeutung für die Arbeitnehmer...	36
V.		Vergleich der Strategien Verschmelzung und SE...	36
		1. Verhandlungspflicht...	37
		2. Einfrieren der Mitbestimmungsfreiheit..	38
		3. Einfrieren eines bereits bestehenden Mitbestimmungsniveaus...........	38
		4. Nachverhandlungspflicht bei strukturellen Änderungen......................	39

E. Ergebnis.. 40

ABKÜRZUNGSVERZEICHNIS

Bezüglich der verwendeten Abkürzungen wird verwiesen auf:

Kirchner, Hildebert / Butz, Cornelie
Abkürzungsverzeichnis der Rechtssprache
6. Auflage Berlin 2008

A. Einleitung

Diese Arbeit behandelt das Thema „Unternehmerische Mitbestimmung und deren Vermeidungsstrategien bei Restrukturierungsmaßnahmen".

Es liegen die Fragen zu Grunde - ein Bedürfnis nach Vermeidung unternehmerischer Mitbestimmung seitens der Unternehmer vorausgesetzt - ob es hierfür Vermeidungsstrategien gibt, welche Vermeidungsstrategien für Unternehmen gegebenenfalls in Frage kommen, wie diese umgesetzt werden können und wie praxistauglich sie sind.

Der Terminus unternehmerische Mitbestimmung beschreibt in diesem Zusammenhang das Mitsprache- und Mitwirkungsrecht von Arbeitnehmervertretern auf den höchsten Leitungs- und Planungsebenen eines Unternehmens[1]. Im Vergleich zur betrieblichen Mitbestimmung, welche neben der unternehmerischen Mitbestimmung die zweite Ebene der Partizipation darstellt, wird bei der unternehmerischen Mitbestimmung massiver in die unternehmerische Handlungsfreiheit eingegriffen. Sie ist gesetzlich nicht auf konkrete Mitbestimmungstatbestände begrenzt, sondern bezieht sich auf alle anfallenden Fragestellungen und Prozesse, die die Unternehmenspolitik betreffen. Dies macht sie zu einem probaten Mittel, um Einfluss auf Unternehmensentscheidungen zu nehmen.

Die unternehmerische Mitbestimmung bedeutet für viele Unternehmen nach wie vor eine gravierende Einschränkung der Entscheidungsbefugnisse. Um diese zu vermeiden oder abzuschaffen, stellen insbesondere Restrukturierungsmaßnahmen oftmals den Anlass sowie auch die Lösung des häufig als Problem identifizierten Mitbestimmungsrechts dar.

Es wird nachstehend anhand ausgewählter Strategien aufgezeigt, welche Handlungsmöglichkeiten den Unternehmen sowohl auf nationaler als auch auf europäischer Ebene zur Verfügung stehen, um eine Arbeitnehmermitbestimmung auf Leitungsebene des Unternehmens zu minimieren, auf dem geltenden Niveau „einzufrieren" oder gänzlich auszuschließen. Ein Schwerpunkt liegt in der Betrachtung der Möglichkeiten durch grenzüberschreitende Verschmelzung und Gründung einer Societas Europaea (SE).

---

[1] Vgl. *Preis* § 143 S. 416.

Hierbei ist es unabdingbar, die in Betracht zu ziehenden Vorgehensweisen im Zusammenhang mit dem erforderlichen unternehmerischen Aufwand zu beleuchten, um so ein Empfinden dafür zu vermitteln, ob diese Strategien in einem angemessenen Verhältnis hierzu stehen.

Schlussendlich gibt diese Arbeit einen Ausblick darauf, wie sich die Debatte um die Vermeidung unternehmerischer Mitbestimmung unter Berücksichtigung der aktuellen europäischen Entwicklungen darstellt.

B. Grundlagen

Die unternehmerische Mitbestimmung ist Ausfluss des Gedankens, dass Unternehmen jeder Größe Orte mannigfaltiger Interaktionen zwischen Menschen sind[2]. Nicht nur bezüglich ihrer Stellung, sondern auch bezüglich ihrer Interessen sind die Unternehmensbeteiligten sehr verschieden und verfolgen in der Beurteilung der Unternehmenspolitik oftmals nicht dieselben Lösungsansätze[3]. Diesen teils gegenläufigen Strömungen gleichermaßen in organisierter Form Gehör zu verschaffen, ist eines der wesentlichen Ziele der unternehmerischen Mitbestimmung[4].

Eine grobe Aufteilung der Unternehmensbeteiligten lässt sich in Unternehmenseigner und Arbeitnehmer vornehmen. Diese Differenzierung wird auch als die Unterscheidung zwischen Kapital und Arbeit bezeichnet[5].

Dem Bedürfnis der Arbeitnehmer nach Mitsprache- und Mitwirkungsrechten zur Entscheidung über Planungs-, Lenkungs- und organisatorische Angelegenheiten entspricht es, dass diese Betriebsangehörige oder auch externe Interessenvertreter in den Aufsichtsrat, in den Vorstand oder die Geschäftsführung des Unternehmens entsenden können[6]. Letzteres geschieht in Form der Platzierung eines – je nach Rechtsform und Anwendungsgesetz sogar gleichberechtigten – Arbeitsdirektors in der Führungsebene[7].

I. Rechtsquellen

Als Rechtsquellen der unternehmerischen Mitbestimmung gelten vier Gesetze[8]: das Montan-Mitbestimmungsgesetz[9], das Montan-Mitbestimmungsergänzungsgesetz[10], das Drittelbeteiligungsgesetz[11] sowie das

---

[2] Vgl. *Hromadka/Maschmann* § 15 S. 215 Rn. 1; vgl. *Preis* § 142 S. 413.
[3] Vgl. *Rolfs* S. 605 Rn. 1.
[4] Vgl. *Söllner/Waltermann* § 38 S. 345 Rn. 898.
[5] *Preis* § 142 S. 413.
[6] *Hanau/Adomeit* S. 132 Rn. 491.
[7] *Richardi* S. 254 Rn. 55.
[8] *Koch* in Schaub Arbeitsrechts-Handbuch § 257 Rn. 1.
[9] Montan-Mitbestimmungsgesetz vom 21.05.1951 (BGBl. I S. 347).
10 Montan-Mitbestimmungsergänzungsgesetz vom 7.08.1956 (BGBl. I S. 707).
[11] Drittelbeteiligungsgesetz vom 18.05.2004 (BGBl. I S. 974), im Folgenden abgekürzt als DrittelbG.

Mitbestimmungsgesetz von 1976[12]. Welches Unternehmen welchem Gesetz unterfällt, hängt von verschiedenen Faktoren ab. Je nachdem, welches Gesetz zur Anwendung kommt, liegt die Zusammensetzung des Aufsichtsrats und somit die Möglichkeit der Einflussnahme der Arbeitnehmervertreter in diesem Gremium zwischen einem Drittel und einer echten paritätischen Mitbestimmung[13]. Des Weiteren entscheidet das anwendbare Gesetz über die Frage, ob es überhaupt zu einer Mitbestimmung in der Unternehmensleitung, also der Geschäftsführung oder dem Vorstand, kommt[14]. Das Montan-Mitbestimmungsgesetz und das Montan-Mitbestimmungsergänzungsgesetz finden unter verschiedenen Voraussetzungen ausschließlich auf Unternehmen der Montanindustrie Anwendung[15]. Das Drittelbeteiligungsgesetz bestimmt eine Arbeitnehmermitbestimmung von einem Drittel in den Aufsichtsräten der erfassten Unternehmen[16]. In seinen Anwendungsbereich fallen nur Unternehmen der Rechtsformen AG, KGaA, GmbH, Genossenschaft und Versicherungsverein auf Gegenseitigkeit (VVaG)[17].

Das Mitbestimmungsgesetz von 1976 geht in der unternehmerischen Mitbestimmung am weitesten[18]. Hier ist für die Rechtsformen der AG, KGaA, GmbH, GmbH & Co. KG, der Genossenschaft und der AG & Co. KG eine paritätische Mitbestimmung im Aufsichtsrat vorgesehen. Obwohl es sich hierbei um die sogenannte unechte Parität handelt, bei welcher der von der Anteilseignerseite nominierte Aufsichtsratsvorsitzende in Pattsituationen den Ausschlag gibt, ist die Einflussnahmemöglichkeit der Arbeitnehmer weitaus größer als bei Unternehmen, die dem Drittelbeteiligungsgesetz unterliegen[19]. Dies zeigt sich unter anderem auf der Ebene der Unternehmensleitung, bei der die Arbeitnehmer durch den sogenannten Arbeitsdirektor repräsentiert werden, welcher bei dem dem Mitbestim-

---

[12] Mitbestimmungsgesetz vom 4.05.1976 (BGBl. I S. 1153), im Folgenden abgekürzt als MitbestG.
[13] *Hromadka/Maschmann* § 15 S. 219 Rn. 12, 13.
[14] *Hromadka/Maschmann* § 15 S. 219 Rn. 14.
[15] *Wollenschläger* S. 407 Rn. 965.
[16] *Freis/Kleinefeld/Kleinsorge/Voigt* S. 11 Rn. 23.
[17] *Freis/Kleinefeld/Kleinsorge/Voigt* S. 11 Rn. 23.
[18] *Junker* in ZfA 2005,1 (2).
[19] Vgl. *Richardi* S. 248 Rn. 39; vgl. *Hanau/Adomeit* S. 133 Rn. 496.

mungsgesetz von 1976 unterliegenden Unternehmen als gleichberechtigtes Mitglied in Geschäftsführung oder Vorstand fungiert[20].

Die wichtige Frage, welchem Gesetz ein Unternehmen unterfällt, bestimmt sich bis auf die Fälle, in denen wie z. B. in der Montanindustrie die Branche den Ausschlag gibt, nach den sogenannten Schwellenwerten[21]. Der erste Schwellenwert, bevor die Vorschriften zur unternehmerischen Mitbestimmung überhaupt zur Anwendung kommen, liegt bei mehr als 500 Arbeitnehmern. Ist dieser Wert erreicht, kommt bis zu einer Größe von 2.000 Arbeitnehmern das Drittelbeteiligungsgesetz zur Anwendung. Wird die Zahl von 2.000 Arbeitnehmern überschritten, greifen die Vorschriften des Mitbestimmungsgesetzes von 1976.

II. Unternehmerische Mitbestimmung im verfassungsrechtlichen Kontext

Das Grundgesetz enthält keinerlei feste Regelungen oder ausdrückliche Gewährleistungen in Bezug auf oder zu Gunsten der unternehmerischen Mitbestimmung[22]. Aussagen zu einer Mitbestimmung in Betrieb oder Unternehmen lassen sich lediglich aus dem Zusammenspiel der Grundrechte und der im Grundgesetz verankerten Prinzipien ableiten. Trotz kontroverser Diskussionen im Vorfeld entschied das Bundesverfassungsgericht am 1.3.1979[23], dass das MitbestG als grundsätzlich mit der Verfassung vereinbar anzusehen ist[24].

Trotz der klarstellenden und eindeutigen Entscheidung des BVerfG ist es eben dieses Spannungsfeld zwischen den Grundrechten, das insbesondere die Unternehmerseite dazu veranlasst hat, über Möglichkeiten der Vermeidung der unternehmerischen Mitbestimmung nachzudenken. Denn obwohl die Debatte um die Verfassungskonformität mit dem Urteil des BVerfG größtenteils verstummt ist[25], haben sich die Unternehmer mit dem Mitspracherecht von Arbeitnehmervertretern in den Leitungsebenen und damit der Einflussnahme auf die Unternehmenspolitik keineswegs abgefunden.

---

[20] *Henssler* in 50 Jahre Bundesgerichtshof S. 400; *Koberski* in WWKK § 33 Rn. 1.
[21] *Zöllner/Loritz/Hergenröder* § 53 S. 567.
[22] *Preis* § 142 S. 414.
[23] BVerfGE 50, 290 ff.
[24] *Brox/Rüthers/Henssler* S. 360 Rn. 1042.
[25] *Schupp* S. 56.

III. Unternehmerische Mitbestimmung im europäischen Vergleich

Um das Thema möglicher Vermeidungsstrategien von unternehmerischer Mitbestimmung umfassend zu behandeln, ist ein Blick auf die europäischen Gegebenheiten unerlässlich.

1. Unternehmerische Mitbestimmung in den Mitgliedsstaaten der Europäischen Union

Auf dem Rechtsgebiet der unternehmerischen Mitbestimmung unterscheiden sich die Vorschriften der Mitgliedsstaaten stark. Eine einheitliche Regelung in diesem Bereich erscheint aufgrund der teilweise konträren Bestimmungen als nahezu unmöglich und könnte sich allenfalls am kleinsten gemeinsamen Nenner orientieren.

14 Mitgliedsstaaten lehnen eine unternehmerische Mitbestimmung ab[26]. Dagegen haben elf Mitgliedsstaaten eine Beteiligungsregelung bis hin zur Drittelparität eingeführt, wobei lediglich die Anforderungen an die Arbeitnehmerzahlen variieren[27]. Deutschland geht als einziges Land über dieses Mitbestimmungsniveau hinaus und bringt ab dem Schwellenwert von 2.000 Arbeitnehmern über § 1 I, § 7 I 1 MitbestG die paritätische Mitbestimmung zur Anwendung[28].

Schon die Tatsache, dass Deutschland, nachdem Slowenien die paritätische Mitbestimmung als verfassungswidrig erklärt hat[29], in diesem Bereich die strengsten Regelungen aufstellt, führt in der deutschen Unternehmerschaft zu Überlegungen, wie Regeln abgeschwächt oder vermieden werden können. Neben Möglichkeiten, die das nationale Recht zur Seite stellt, bietet in diesem Zusammenhang gerade das uneinheitliche Vorgehen der Mitgliedsstaaten alternative Lösungsansätze.

---

[26] *Henssler* in Der Gesellschafter 2011, 6 (7).
[27] *Henssler* in Der Gesellschafter 2011, 6 (7).
[28] Vgl. *Henssler* in Festschrift für Peter Ulmer S. 193; *Junker* in ZfA 2005, 211 (217).
[29] *Henssler* in Der Gesellschafter 2011, 6 (7).

2. Unternehmerische Mitbestimmung unter Einbeziehung supranationaler Rechtsformen

Die Unternehmen sind aufgrund der europäischen Integration nicht mehr ausschließlich auf die Wahl einer nationalen Rechtsform beschränkt, sondern können alternativ das Rechtskleid einer supranationalen Rechtsform verwenden[30]. Die europäischen Entwicklungen bilden sprichwörtlich den „Motor zur Entwicklung von Vermeidungsstrategien"[31].

Hierbei kommt als geeignete und verbreitete Form die Societas Europaea (SE) in Betracht. Außerdem bieten die Europäische Wirtschaftliche Interessenvereinigung (EWIV) und die Societas Cooperativa Europaea (SCE) weitere Gestaltungsmöglichkeiten[32]. Grundsätzlich sind supranationale Rechtsformen ebenso gut einsetzbar wie die nationalen Alternativen, wenn sie sich in den Bereichen Flexibilität, Haftungsbeschränkung und Kapitalmarktfähigkeit zumindest als Äquivalent zu den bewährten nationalen Rechtsformen erweisen.

---

[30] *Forst* in Der Konzern 2010, 151 (151).
[31] *Henssler* in RdA 2005, 330 (330).
[32] *Forst* in Der Konzern 2010, 151 (151).

C. Nationale Möglichkeiten zur Vermeidung unternehmerischer Mitbestimmung

Um die unternehmerische Mitbestimmung nachträglich zu unterbinden oder sie durch präventives Vorgehen zu vermeiden, muss nicht zwangsläufig eine ausländische Rechtsform gewählt werden. Auch das nationale Mitbestimmungsrecht bietet Möglichkeiten, mit denen das Überschreiten der die unternehmerische Mitbestimmung begründenden Schwellenwerte verhindert werden kann.

Welche Strategie hierbei zu wählen ist, hängt von den genauen Gegebenheiten des Einzelfalls ab sowie von der Frage, ob bereits eine Arbeitnehmervertretung im Aufsichtsrat vorhanden ist oder nicht.

I. Die Rechtsformwahl der Personenhandelsgesellschaften

Aus den bisher dargestellten Anforderungen ergibt sich bereits eine Möglichkeit, sich, unabhängig von der aktuellen oder zukünftigen Größe des Unternehmens, nicht mit der Thematik eines Aufsichtsrats mit Arbeitnehmerbeteiligung beschäftigen zu müssen.

Dem Unternehmer steht als Rechtsform die Wahl einer Personenhandelsgesellschaft offen, welche weder vom Anwendungsbereich des MitbestG noch des DrittelbG erfasst wird[33]. Es ist zweifelhaft, ob eine solche Vorgehensweise überhaupt als Vermeidungsstrategie bezeichnet werden kann, da vom Gesetzgeber gar nicht intendiert ist, die Rechtsform der Personengesellschaft der unternehmerischen Mitbestimmung zu unterwerfen[34]. Grund hierfür ist die unterschiedlich ausgeprägte persönliche Haftung der verschiedenen Rechtsformen[35]. Dies beruht darauf, dass die Entscheidungen, die sich unmittelbar auf die Unternehmenspolitik beziehen, auch ausschließlich von den Personen getroffen werden sollen, welche die Konsequenzen zu tragen haben[36].

---

[33] *Henssler* in Baums/Ulmer S. 135; vgl. *Reichold* § 14 S. 335 Rn. 1; vgl. *Zöllner/Loritz/Hergenröder* § 53 S. 567.
[34] *Henssler* in ZfA 2000, 241 (246).
[35] *Hromadka/Maschmann* § 15 S. 218 Rn. 11.
[36] *Raiser/Veil* § 1 S. 55 Rn. 4; *Ulmer/Habersack* in UHH § 1 Rn. 32.

In Hinblick auf eine Praxistauglichkeit dieser Ausgestaltung ist den Unternehmen zu empfehlen, sich zur Vermeidung der unternehmerischen Mitbestimmung nicht unbedacht der Rechtsform einer Personengesellschaft zu bedienen, da die persönliche Haftung eine nicht zu unterschätzende Konsequenz darstellt. Zudem eignet sie sich nicht für jedes Unternehmen. Insbesondere schnell wachsenden oder großen Unternehmen mit dementsprechend größeren finanziellen Transaktionen und Risiken ist von dieser Rechtsform abzuraten.

II. Wachstumsverlagerung in Tochterunternehmen

Eine entscheidende Voraussetzung für die gesetzlich vorgeschriebene Arbeitnehmerbeteiligung auf Unternehmensebene ist neben dem Anknüpfungspunkt der Rechtsform die Zahl der Beschäftigten[37]. Dies bedeutet, dass ein ständiges Unterschreiten der Schwellenwerte (mehr als 500 Arbeitnehmer für das DrittelbG und mehr als 2.000 Arbeitnehmer für das MitbestG) die unternehmerische Mitbestimmung nicht auslöst[38]. Es kann daher für ein Unternehmen empfehlenswert sein, sich stets kurz unter der Ebene der Schwellenwerte zu halten[39].

1. Referenzperiode

Hierbei ist zunächst darauf einzugehen, wie streng diese Arbeitnehmerzahlen vom Gesetzgeber gehandhabt werden und über welche Referenzperiode sie vorliegen müssen.

§ 1 I Nr. 2 MitbestG beinhaltet kein Stichtagsprinzip, die Arbeitnehmer werden somit nicht zu einem bestimmten Stichtag gezählt[40]. Die Regelung ist flexibel, da bei der Bemessung der Arbeitnehmerzahl sowohl die Vergangenheit als auch die zukünftige Entwicklung einbezogen werden[41]. Dies dient dem Zweck, bei Schwankungen nicht ständig einen Wechsel der Mitbestimmungsform zu erzwingen und wird dem Gesetzeswortlaut „in der Regel" des § 1 I Nr. 2 MitbestG gerecht[42]. Geeignet ist nach Auffassung

---

[37] *Henssler* in Baums/Ulmer S. 136.
[38] *Henssler* in ZfA 2000, 241, 245 (246).
[39] Vgl. *Henssler* in ZfA 2000, 241 (246).
[40] *Raiser/Veil* § 1 S. 62 Rn. 18.
[41] *Oetker* in Erfurter Kommentar § 1 MitbestG Rn. 6.
[42] *Seibt* in Arbeitsrecht Kommentar § 1 Rn. 10.

des OLG Düsseldorf eine Beurteilung über einen Zeitraum von 17 bis 20 Monaten[43].

2. Ausgliederung verschiedener Geschäftsbereiche

Interessant wird das Modell der Wachstumsverlagerung dann, wenn das Unternehmen die Möglichkeit hat, verschiedene Geschäftsbereiche in Tochterunternehmen auszugliedern und in diesen Bereichen die Beschäftigtenzahlen unter den Schwellenwerten zu halten. Dies kann dann bedeuten, dass jedes einzelne Tochterunternehmen unter 500 Arbeitnehmer hat, in der Gesamtsumme jedoch wesentlich mehr als 2.000 Arbeitnehmer für das Unternehmen arbeiten. Hierdurch unterfällt kein Tochterunternehmen dem Anwendungsbereich des DrittelbG und die Möglichkeit der Expansion ist dennoch weiterhin vorhanden, da die Option der Gründung weiterer Tochtergesellschaften bestehen bleibt.

Diese Variante ist unter Praxisgesichtspunkten erstrebenswert und stellt sich gerade aus Unternehmenssicht als vorteilhaft dar, birgt jedoch das Risiko der Arbeitnehmerzurechnung.

3. Zurechnung von Arbeitnehmern

Die Möglichkeit, Arbeitnehmer auf verschiedene Tochtergesellschaften aufzuteilen und so eine ‚künstliche Zersplitterung' der Belegschaft zwecks Vermeidung der unternehmerischen Mitbestimmung herbeizuführen, hat der Gesetzgeber gesehen und infolgedessen die Arbeitnehmerzurechnung sowohl im DrittelbG (§ 2 II) als auch im MitbestG (§ 5 I) etabliert[44]. Es wird folglich unterschieden, ob das Unternehmen im Bereich des DrittelbG oder des MitbestG anzusiedeln ist. Im Bereich des DrittelbG, also bei einer Beschäftigtenzahl von über 500, aber unter 2.000 Arbeitnehmern, kommt in einer Unternehmensgruppe eine Zurechnung nur dann in Betracht, wenn entweder ein Beherrschungsvertrag abgeschlossen wurde oder eine Eingliederung mittels Eingliederungsvertrag erfolgt ist[45].

---

[43] OLG Düsseldorf, Beschluss vom 9.12.1994 in Der Betrieb 1995, 277 (278).
[44] Vgl. *Seibt* in Arbeitsrecht Kommentar § 5 Rn. 1; *Lieb* § 9 S. 314 Rn. 933.
[45] *Habersack* in UHH § 2 DrittelbG Rn. 1.

Im Bereich des MitbestG sind die Anforderungen an eine Zurechnung geringer; hier reicht es schon aus, dass das Tochterunternehmen wie die Unternehmensgruppe unter einer einheitlichen Leitung i. S. d. § 18 I AktG steht und es sich damit um einen Unterordnungskonzern handelt, § 5 I MitbestG, § 18 I AktG[46]. Die einheitliche Leitung wird hierbei nach § 18 I 3 AktG vermutet, kann aber beispielsweise durch einen Entherrschungsvertrag von Unternehmensseite widerlegt werden[47].

4. Ergebnis

Es bleibt folglich festzuhalten, dass die Vermeidung der Bildung eines mitbestimmten Aufsichtsrats besonders im Bereich des DrittelbG trotz der Regeln zur Arbeitnehmerzurechnung relativ leicht möglich ist. Die Unternehmensführung muss hierbei lediglich darauf achten, dass sie weder Beherrschungs- noch Eingliederungsverträge abschließt, da allein diese Vorgehensweisen eine Zurechnung auslösen würden.

Schwieriger wird es hingegen im Bereich des MitbestG, wo es sich um einen Gleichordnungskonzern handeln muss, um den paritätisch mitbestimmten Aufsichtsrat zu vermeiden. Dies stellt sich in der Praxis als seltene Konstellation dar, da Konzerne meist als Unterordnungskonzerne ausgestaltet sind. Somit hat der Gesetzgeber für die größeren Unternehmen zumindest im Rahmen des MitbestG diese Umgehungsstrategie wesentlich erschwert und die unternehmerische Mitbestimmung geschützt.

In Bezug auf die Praxistauglichkeit dieser Vorgehensweise ist festzuhalten, dass ein Unternehmen, welches sich in einer starken Wachstumsphase befindet, sich kaum gegen eine Expansionspolitik entscheiden wird, nur weil es sich mit der unternehmerischen Mitbestimmung konfrontiert sehen würde. Das würde auch einer Prioritätensetzung nicht gerecht werden und dem Problem der unternehmerischen Mitbestimmung eine viel zu hohe Bedeutung beimessen. Ist eine Verlagerung des Wachstums auf Tochtergesellschaften aufgrund der Arbeitnehmerzurechnung nicht möglich, muss die unternehmerische Mitbestimmung hingenommen oder eine andere Vermeidungsstrategie gesucht werden.

---

[46] *Götze/Winzer/Arnold* in ZIP 2009, 245 (246).
[47] *Seibt* in Arbeitsrecht Kommentar § 5 Rn. 6.

III. Die Umgehung der Schwellenwerte durch Leiharbeitnehmer

In der Praxis versuchen Unternehmer, die zur Mitbestimmung führenden Schwellenwerte bei fortwährendem Bedarf von Arbeitskräften mit sogenannten Leiharbeitnehmern zu umgehen. Werden Arbeitskräfte vom Verleiher nur zum Zweck der gewerbsmäßigen Weitergabe an andere Unternehmen eingestellt, so werden sie in dem Entleiherunternehmen den Schwellenwerten der zur Mitbestimmung führenden Vorschriften grundsätzlich nicht zugerechnet[48]. Für den Fall jedoch, dass Unternehmer Leiharbeitnehmer gerade aus diesem Grund dazu missbrauchen, um sie auf regelmäßig zu besetzenden Arbeitsplätzen des Unternehmens zu beschäftigen, sollten diese Leiharbeitnehmer auch im Entleiherunternehmen mitgerechnet werden[49].

Das OLG Düsseldorf begründete die Nichteinbeziehung in einer Entscheidung[50] aus dem Jahr 2004 damit, dass der zu bildende Aufsichtsrat eine Funktion wahrnimmt, welche die Leiharbeitnehmer in keiner Weise tangiert und dass des Weiteren keine rechtliche Beziehung zwischen Leiharbeitnehmer und Entleiher besteht[51]. Nachdem sowohl die zeitliche Begrenzung für Arbeitsverhältnisse mit Leiharbeitnehmern als auch das Verbot einer Befristung für die Dauer ihrer Überlassung aufgehoben ist[52], erscheint dieses Urteil fraglich. Es ist nicht ersichtlich, warum die Leiharbeitnehmer trotz ihres wirtschaftlichen und personellen Gewichts für das Entleiherunternehmen in Bezug auf die unternehmerische Mitbestimmung nicht mitgezählt werden[53].

Festzuhalten bleibt, dass Leiharbeitnehmer grundsätzlich nicht in die Schwellenwerte eingerechnet werden, so dass aus Sicht der Unternehmerschaft das Beschäftigen von diesen Personen theoretisch zu einer Umgehung der Mitbestimmung führen kann. Die Grenze liegt aber im Bereich des regelmäßigen Einsetzens von Leiharbeitnehmern. Bei einer regelmäßigen Besetzung offener Stellen wird diese Vorgehensweise als missbräuchlich

---

[48] *Wißmann* in Münchener Handbuch Arbeitsrecht § 279 Rn. 5.
[49] *Koberski* in WWKK § 1 Rn. 35; *Wißmann* in Münchener Handbuch Arbeitsrecht § 279 Rn. 5.
[51] *Koberski* in WWKK § 1 Rn. 35.
[52] Koberski in WWKK § 1 Rn. 35.
[53] *Wißmann* in Münchner Handbuch Arbeitsrecht § 279 Rn. 5.

angesehen und führt deshalb zu einer Zurechnung[54]. Es ist somit nicht ratsam, diesen Weg zu wählen, um Mitbestimmung zu vermeiden.

IV. Wachstum im Ausland

Folgerichtig ist die Überlegung, bei einem bevorstehenden Überschreiten des Schwellenwertes von 2.000 Arbeitnehmern eine Verlagerung des Wachstums ins Ausland vorzunehmen. Hierbei wird die Regelung des § 1 MitbestG konsequent genutzt, nach welcher der Anwendungsbereich des MitbestG mit der Aufzählung in § 1 I Nr. 1 MitbestG abschließend und einer analogen Anwendung auf andere Gesellschaftsformen nicht zugänglich ist[55]. Eine ausländische Gesellschaft fällt folglich nicht in den Anwendungsbereich des MitbestG. Oftmals wird ein gewisser Geschäftsbereich eines Unternehmens ins Ausland verlagert, da das MitbestG auf deutsche Arbeitnehmer, die bei einer ausländischen Tochter beschäftigt und dort nicht nur vorübergehend eingegliedert sind, keine Anwendung findet[56]. Hierbei ist die Eingliederung in das Tochterunternehmen entscheidend, da das bloße Arbeiten im Ausland nicht allein dazu führt, dass der Arbeitnehmer nicht mehr dem Schwellenwert zuzurechnen ist[57].

Aus Unternehmenssicht erscheint es daher durchaus als sinnvoll, bestimmte Geschäftsbereiche auf Tochterunternehmen im Ausland zu verteilen, wenn dies als praktisch umsetzbar erachtet wird.

V. Holdinggesellschaft im Ausland

Neben der Verlagerung von Tochterunternehmen ins Ausland zwecks Vermeidung unternehmerischer Mitbestimmung könnte das Gegenteil erwägenswert sein, nämlich die Verlagerung der Konzernspitze einer Unternehmensgruppe ins Ausland. Hintergrund ist, dass der Geltungsbereich des MitbestG auf das Inland beschränkt ist und somit jede Arbeitnehmerzurechnung zur ausländischen Konzernobergesellschaft nach § 5 I MitbestG entfällt[58]. Die im Ausland liegende Konzernspitze der Unternehmensgruppe

---

[54] *Henssler* in UHH § 3 MitbestG Rn. 34.
[55] *Oetker* in Erfurter Kommentar § 1 MitbestG Rn. 2.
[56] *Raiser/Veil* § 1 S. 62 Rn. 19, 20; vgl. *Thüsing* in ZIP 2004, 381 (382).
[57] *Henssler* in UHH § 3 MitbestG Rn. 38, 39, 40.
[58] *Seibt* in Arbeitsrecht Kommentar § 5, Rn. 14.

mitsamt der Unternehmensleitung könnte eine Mitbestimmungsbefreiung auf die ganze Unternehmensgruppe ausstrahlen[59].

1. Protektive Auffanglösung

Zu der beschriebenen, die unternehmerische Mitbestimmung ausschließenden Vorgehensweise normiert § 5 III MitbestG die sog. protektive Auffanglösung. Normzweck ist, dass die gleichgewichtige und gleichberechtigte Arbeitnehmerbeteiligung im Aufsichtsrat eines Unternehmens nicht dadurch leerläuft, dass maßgebliche Entscheidungsprozesse auf andere Unternehmen und deren Organe übertragen werden[60]. Der Gesetzgeber hat sich nicht damit zufrieden gegeben, dass in den Fällen, in denen die Konzernspitze nicht selbst der Mitbestimmung unterliegt, gar keine unternehmerische Mitbestimmung stattfindet, sondern möchte diese Mitbestimmung auf der Ebene der Teilkonzernspitze etablieren[61]. Diese Maßnahme ist als Reaktion auf die rechtsformspezifische Regelungstechnik und den territorial beschränkten Geltungsbereich des MitbestG zu deuten[62]. Durch eine Zurechnung der Arbeitnehmer abhängiger Unternehmen zu der Konzern- oder Teilkonzernspitze wird die unternehmerische Mitbestimmung gewahrt. Einer gesonderten Regelung in § 5 III MitbestG bedarf es deshalb, weil eine Mitbestimmung im herrschenden Konzernunternehmen in den Fällen ausscheidet, in denen dieses im Ausland sitzt[63]. Folglich wird durch § 5 III MitbestG das dem herrschenden Unternehmen am nächsten stehende abhängige Unternehmen als Teilkonzernspitze angesehen und bei diesem der Aufsichtsrat gebildet[64]. Voraussetzung für die Anwendung des § 5 III MitbestG ist, dass dieses Unternehmen ein solches i. S. d. § 5 I oder § 5 II MitbestG ist[65].

Sofern für diese Teilkonzernspitze, welche auch als Zwischenholding bezeichnet wird, in Bezug auf die nachfolgenden Unternehmen die Voraussetzungen der §§ 17 II, 18 I 3 AktG vorliegen, wird vermutet, dass ein

---

[59] *Oetker* in Erfurter Kommentar § 5 MitbestG, Rn. 14.
[60] *Oetker* in Erfurter Kommentar § 5 MitbestG Rn. 1.
[61] *Ulmer/Habersack* in UHH § 5 Rn. 5.
[62] *Ulmer/Habersack* in UHH § 5 Rn. 65.
[63] *Oetker* in Erfurter Kommentar § 5 MitbestG Rn. 18.
[64] *Götze/Winzer/Arnold* in ZIP 2009, 245 (247).
[65] *Ulmer/Habersack* in UHH § 5 Rn. 68.

Abhängigkeitsverhältnis besteht und ein Konzern gebildet wird. Diese Vermutungsregel ist jedoch widerleglich[66].

a. Widerlegung der Vermutungsregel

Wie die konkrete Ausgestaltung der Teilkonzernspitze als Leitungsmacht der anderen Unternehmen aussehen kann, ist umstritten[67]. Insbesondere die Frage, ob zur Etablierung eines Aufsichtsrats bei der Zwischengesellschaft eine bloße Kapitalbeteiligung an den nachfolgenden Unternehmen ausreicht oder ob es vielmehr einer tatsächlichen Einflussnahme der Zwischengesellschaft bedarf, spaltet Rechtsprechung und Literatur[68].

In der Literatur wird überwiegend die Meinung vertreten, dass das bloße Halten und Verwalten von Anteilen an den anderen Unternehmen durch die Zwischenholding – ohne eine konkrete Einflussnahmemöglichkeit auf deren Unternehmenspolitik – nicht ausreicht, um bei ihr einen Aufsichtsrat zu etablieren[69]. Die Rechtsprechung mehrerer Oberlandesgerichte zeigt eine andere Auffassung[70]. Demnach genügt es schon, dass die Zwischenholding aufgrund des Haltens der Anteile an den anderen Gesellschaften die Leitungsmacht der im Ausland sitzenden Konzernspitze vermittelt, wobei eine eigene Einflussnahmemöglichkeit ausdrücklich nicht gefordert wird.

Dies kann in der Praxis zu dem Ergebnis führen, dass ein mitbestimmter Aufsichtsrat bei einer Gesellschaft gebildet wird, die selbst gar nicht den für die paritätische Mitbestimmung erforderlichen Schwellenwert erfüllt und so eine Zurechnung von Arbeitnehmern erfolgt, auf deren Gesellschaften sie gar keinen Einfluss hat. Dieses Ergebnis ist gerade bezüglich des Gesetzeszwecks zweifelhaft, da durch den Aufsichtsrat und der darin stattfindenden Arbeitnehmerbeteiligung ermöglicht werden soll, dass Arbeitnehmeransichten in Entscheidungen der Unternehmensführung einfließen können. Es stellt sich daher die Frage, wozu einem Unternehmen eine Mitbestimmung auferlegt wird, welche auf die Entscheidungen der repräsentierten Unter-

---

[66] OLG Düsseldorf in ZIP 2006, 2375 (2376); *Oetker* in Erfurter Kommentar § 5 MitbestG Rn. 19.
[67] *Götze/Winzer/Arnold* in ZIP 2009, 245 (247).
[68] *Gach* in Münchener Kommentar zum AktG Bd. 2 S. 1310 Rn. 37; *Seibt* in WHSS S. 676 Rn. 47.
[69] Vgl. *Götze/Winzer/Arnold* in ZIP 2009, 245 (247); *Seibt* in Arbeitsrecht Kommentar § 5, Rn. 12.
[70] OLG Düsseldorf in ZIP 2006, 2375 (2377); OLG Stuttgart in ZIP 1995, 1004 (1005).

nehmen gar keinen Einfluss hat. Der § 5 III MitbestG kommt in diesen Fällen seiner originären Aufgabe, die Lücke für die fehlende Mitbestimmung bei der Konzernspitze durch Ersatz auf der in der Unternehmenshierachie nächstmöglichen Ebene zu schließen, im Ergebnis nicht nach, da die Möglichkeit der Einflussnahme der Arbeitnehmer nicht gesteigert wird. Es wird in diesen Fällen von einer bloßen „Briefträgerfunktion" gesprochen, wenn eine Weitergabe von Weisungen erfolgt, ohne dass irgendeine Einflussnahmemöglichkeit auf die Unternehmenspolitik der nachfolgenden Unternehmen besteht [71].

b. Mindestanforderung an Teilkonzernspitze

Ein Mindestmaß an Leitungsfunktion muss die Teilkonzernspitze dennoch haben, um einer Etablierung der Mitbestimmung überhaupt eine sachliche Rechtfertigung geben zu können[72]. § 5 III MitbestG fingiert eine Konzernspitze, die der Mitbestimmung zugänglich ist, aber die Vorschrift kann keine Leitungsmacht bei einer Gesellschaft in einem Konzern herstellen, die gar nicht existiert.

Diesen Argumenten tritt das OLG Düsseldorf jedoch mit der Feststellung entgegen[73], dass der bei der Zwischenholding gebildete mitbestimmte Aufsichtsrat aufgrund seiner Position im Gesamtkonzern hinter den üblichen Einflussmöglichkeiten eines Aufsichtsrats zurückbleiben muss, dies aber kein Grund sei, auf die unternehmerische Mitbestimmung gänzlich zu verzichten. Ferner dient es nach Auffassung des OLG Düsseldorf immer der Rechtssicherheit, einen Aufsichtsrat zu installieren, unabhängig vom konkreten Grad der Leitungsmacht[74].

Dieser Auffassung ist aus den vorgenannten Gründen zu widersprechen und erscheint vor allem im Hinblick auf den Gesetzeszweck als nicht konsequent.

---

[71] *Ulmer/Habersack* in UHH § 5 Rn. 68.
[72] *Oetker* in Erfurter Kommentar § 5 MitbestG Rn. 21; *Seibt* in Arbeitsrecht Kommentar § 5 Rn. 12; a.A. *Koberski* in WWKK § 5 Rn. 59.
[73] OLG Düsseldorf in ZIP 2006, 2375 (2377).
[74] OLG Düsseldorf in ZIP 2006, 2375 (2378).

c. Zwischenergebnis

Vermittelnd lässt sich festhalten, dass die Mehrheitsbeteiligung der Teilkonzernspitze an den nachgeordneten Unternehmen nur ein Indiz für eine Leitungsfunktion sein kann. Besteht trotz Mehrheitsbeteiligung keine reale Einflussnahmemöglichkeit, kann dieser Umstand nicht zur Begründung der unternehmerischen Mitbestimmung i. S. d. § 5 III MitbestG führen. Diese mangelnde Einflussnahmemöglichkeit zu beweisen, obliegt der Unternehmensführung, um das Risiko einer diesen Weg abschneidenden Rechtsprechung wirksam entgegen treten zu können.

2. Umgehung der Leitungsfunktion der Zwischenholding durch Beherrschungsvertrag

Unabhängig von der Frage, welcher Ansicht zu folgen ist, bietet sich scheinbar eine weitere Möglichkeit, die Mitbestimmungsregelungen zu umgehen. Zwischen der ausländischen Holding und den Enkelunternehmen in Deutschland können Beherrschungsverträge abgeschlossen werden, so dass die Gesellschaft von der Annahme befreit ist, dass eine Leitungsfunktion von der Zwischenholding ausgeht[75]. Bei dieser Vorgehensweise ist aber darauf hinzuweisen, dass dies nicht unbedingt ausreichend ist, wenn die tatsächlichen Gegebenheiten des Konzerns eine andere Handhabung nahe legen[76]. Exemplarisch dafür, dass der Abschluss von Beherrschungsverträgen nicht per se zu einem Ausschluss der Leitungsmöglichkeit der Teilkonzernspitze führt, hat das OLG Düsseldorf in seiner Entscheidung eine Bildung eines mitbestimmten Aufsichtsrats auf Ebene der Zwischenholding trotz Abschlusses von Beherrschungsverträgen angenommen[77]. Diese Entscheidung ist als konsequente Fortführung der mitbestimmungsfreundlichen Rechtsprechung einzustufen. Keinerlei Bedenken hatte das Gericht bei der Beurteilung der Frage, ob solche Beherrschungsverträge mit ausländischen Gesellschaften als zulässig anzusehen sind[78].

---

[75] *Seibt* in WHSS S. 678 Rn. 49; *Henssler* in ZfA 2005, 289 (294); *Hölters* in RdA 1979, 335 (340).
[76] *Henssler* in ZfA 2005, 289 (294).
[77] OLG Düsseldorf in ZIP 2006, 2375 (2375).
[78] OLG Düsseldorf in ZIP 2006, 2375 (2376).

In der Literatur wird dieser Auffassung nur teilweise entsprochen[79]. Die Beherrschungsverträge werden zwar als zulässig, jedoch auf Ebene der Teilkonzernspitze als leitungsfunktionsausschließend angesehen. Lediglich der objektiv missbräuchliche Abschluss eines Beherrschungsvertrags führt nicht zu einer Vermeidung der unternehmerischen Mitbestimmung[80].

Trotz der Rechtsprechung des OLG Düsseldorf ist der Abschluss eines Beherrschungsvertrages relevant, wenn es um die Beurteilung der Leitungsmacht der Zwischenholding geht. Dieser ist zumindest als Indiz dafür zu werten, dass die Leitungsmacht eingeschränkt bzw. sogar gänzlich ausgeschlossen ist.

3. Ergebnis

Es bleibt festzuhalten, dass eine Mitbestimmung nur dann zu vermeiden ist, wenn keine Zwischenholding gegründet werden muss und die ausländische Holding ihre Anteile an den Gesellschaften in Deutschland direkt hält[81]. Stehen unterhalb der mitbestimmungsfreien Konzernspitze mehrere abhängige Konzernunternehmen auf einer Stufe in der Leitungshierarchie, kommt eine Arbeitnehmerzurechnung nach den Grundsätzen des § 5 III MitbestG nicht in Betracht[82].

Der Versuch seitens der Unternehmer, mittels Abschluss von Beherrschungsverträgen eine Mitbestimmung in der Zwischenholding zu vermeiden, birgt trotz guter Argumente und vieler unterstützender Stimmen aus der Literatur das Risiko, von der Rechtsprechung verworfen zu werden.

---

[79] *Raiser/Veil* § 5 S. 149 Rn. 42; *Ulmer/Habersack* in UHH § 5 Rn. 71.
[80] *Ulmer/Habersack* in UHH § 5 Rn. 71.
[81] *Götze/Winzer/Arnold* in ZIP 2009, 245 (247).
[82] *Ulmer/Habersack* in UHH § 5 Rn. 68.

D. Europäische Möglichkeiten der Vermeidung unternehmerischer Mitbestimmung

Durch die Diskrepanz in den gesetzlichen Bestimmungen zur unternehmerischen Mitbestimmung in den EU-Ländern können sich für deutsche Unternehmen günstigere Gestaltungsformen ergeben, um unternehmerische Mitbestimmung zu umgehen.

I. Gründung einer ausländischen Gesellschaft

Ein Unternehmensgründer hat die Option, sich für eine ausländische Gesellschaftsform zu entscheiden, ohne zwangsläufig (nur) im Ausland operieren oder dort den Unternehmenssitz haben zu müssen[83]. Dieser Umstand ist auf die Rechtsprechung des EuGH zur Niederlassungsfreiheit zurückzuführen[84]. Die Rechtsprechung hat entschieden, dass Gesellschaften, die in einem anderen EU-Staat gegründet werden, auch in Deutschland in ihrer jeweiligen Rechtsform anzuerkennen sind[85]. Dies gilt auch dann, wenn ihr Sitz und der Schwerpunkt ihrer Aktivitäten ausschließlich in Deutschland liegen[86].

Damit spricht sich der EuGH kollisionsrechtlich für die Gründungstheorie aus, wonach die gesellschaftsrechtlichen Verhältnisse eines Unternehmens nach dem Recht zu beurteilen sind, nach dem es gegründet wurde[87]. Auf den tatsächlichen Sitz der Gesellschaft kommt es folglich nicht mehr an, so dass die in Deutschland vertretene Sitztheorie verworfen wurde[88].

Die Gründung einer Gesellschaft nach ausländischem Recht führt dazu, dass auch das gesamte Gesellschaftsstatut so zu beachten ist, wie es das ausländische Recht vorschreibt. Dies gilt auch für die unternehmerische Mitbestimmung, die mit der Gesellschaftsform und dem Gesellschaftsrecht zusammenhängt.

---

[83] *Franzen* in RdA 2004, 257 (258); *Henssler* in Bitburger Gespräche 2006, 83 (85).
[84] Centros EuGH 9.3.1999 – Rs. C-212/97, EuGHE I 1999, S. 1459 ff.; Überseering EuGH 5.11.2002 – Rs. C-208/00, EuGHE I 2002, S. 9919 ff.; Inspire Art EuGH 30.9.2003 – Rs. C-167/01, EuGHE I 2003, S. 10155 ff.
[85] *Henssler* in Gedächtnisschrift für Meinhard Heinze S. 334; *von der Linden* S. 440.
[86] Vgl. *von der Linden* S. 440.
[87] *Franzen* in RdA 2004, 257 (258); *Kisker* S. 37.
[88] *Götze/Winzer/Arnold* in ZIP 2009, 245 (248).

Die direkte Gründung einer ausländischen Gesellschaft, z. B. einer Limited, allein zur Vermeidung der unternehmerischen Mitbestimmung spielt in der Praxis keine Rolle, da sich ein Existenzgründer erfahrungsgemäß längere Zeit nicht mit dem Problem der Schwellenwerte beschäftigen muss. Eher ist der Wechsel eines deutschen Unternehmens in ein ausländisches „Rechtskleid" bei fortlaufendem Betrieb ein wesentlicher Aspekt der praktischen Beratung.

II. Grenzüberschreitende Verschmelzung auf eine deutsche Kapitalgesellschaft (Hereinverschmelzung)

Als Hereinverschmelzung wird der Vorgang bezeichnet, bei dem eine ausländische Gesellschaft auf eine deutsche Kapitalgesellschaft verschmolzen wird[89]. Im Folgenden werden die rechtlichen Grundlagen, der genaue Ablauf des Verfahrens sowie die Vor- und Nachteile aus Sicht der Zielgesellschaft vor dem Hintergrund einer Vermeidung oder Reduzierung von Mitbestimmung auf Unternehmensebene dargestellt.

1. Rechtliche Grundlagen

Am 29.12.2006 ist das Gesetz zur Umsetzung der Regelungen über die Mitbestimmung der Arbeitnehmer bei grenzüberschreitenden Verschmelzungen in Kraft getreten[90]. Damit ist der deutsche Gesetzgeber seiner Verpflichtung zur Umsetzung der Verschmelzungsrichtlinie 2005/56/EG nachgekommen[91]. Ziel des Gesetzes ist, durch Regelungen zur unternehmerischen Mitbestimmung nach grenzüberschreitenden Verschmelzungen die Beteiligungsrechte der Arbeitnehmer so zu erhalten, wie sie im Zeitpunkt der Verschmelzung nach dem nationalen Recht bestanden haben (§ 1 I 2 MgVG)[92]. Diese Verpflichtung der Mitgliedsstaaten wird in Art. 16 der Verschmelzungs-RL ausdrücklich angeordnet[93].

---

[89] Vgl. *Götze/Winzer/Arnold* in ZIP 2009, 245 (252).
[90] *Lunk/Hinrichs* in NZA 2007, 773 (773); das Gesetz zur Umsetzung der Regelungen über die Mitbestimmung der Arbeitnehmer bei grenzüberschreitenden Verschmelzungen wird im Folgenden als MgVG abgekürzt.
[91] *Teichmann* in Der Konzern 2007, 89 (89); Verschmelzungsrichtlinie wird abgekürzt als Verschmelzungs-RL.
[92] *Schubert* in RdA 2007, 9 (9).
[93] Vgl. *Drinhausen/Keinath* in RIW 2006, 82 (85); *Götze/Winzer/Arnold* in ZIP 2009, 245 (249).

Hintergrund ist, dass eine Verschmelzung gerade im Hinblick auf die unterschiedlichen mitbestimmungsrechtlichen Schutzniveaus in den Mitgliedsstaaten zu Einbußen bei den Mitbestimmungsrechten führen kann. Ein Ausnutzen dieser Diskrepanzen versucht die gesetzliche Regelung zu erschweren, indem das so genannte „Vorher-Nachher-Prinzip" etabliert wird. Dies bedeutet, dass die Arbeitnehmerbeteiligungsrechte unter bestimmten Voraussetzungen auch nach der grenzüberschreitenden Verschmelzung in der entstandenen Zielgesellschaft zu gewähren sind[94]. Wichtig ist hierbei die Regelung, dass nach dem Willen der EU das Mitbestimmungsrecht mit dem größten Schutzniveau für die Arbeitnehmer aufrechterhalten werden muss[95].

Wie sich dieser Gedanke in dem Gesetz konkret niedergeschlagen hat, ob er sich tatsächlich durchsetzen lässt und ob die Regelungen des MgVG einer Vermeidung der Mitbestimmung gänzlich entgegenstehen, bleibt nachfolgend zu analysieren.

2. Regelungen der Unternehmensmitbestimmung

Der räumliche Anwendungsbereich des MgVG richtet sich nach § 3 MgVG, der zwei Alternativen enthält, die zur Anwendung des Gesetzes führen. Nach § 3 I 1 MgVG unterfallen solche Zielgesellschaften dem Gesetz, die ihren Sitz im Inland haben. § 3 I 2 MgVG erklärt das Gesetz auf Arbeitnehmer anwendbar, die in einem inländischen Betrieb arbeiten, sowie für inländische Gesellschaften, betroffene Tochtergesellschaften und betroffene Betriebe[96]. Neben der deutschen Gesellschaft muss aber noch eine weitere Gesellschaft betroffen sein, die dem Recht eines anderen EU-Landes oder des EWR unterliegt (vgl. § 3 II MgVG)[97]. Aus diesem Zusammenhang folgt, dass das Gesetz seine Geltung primär für Hereinverschmelzungen beansprucht[98]. Der inländische Gesetzgeber hat keine Regelungskompetenz

---

[94] *Lunk/Hinrichs* in NZA 2007, 773 (774).
[95] *Götze/Winzer/Arnold* in ZIP 2009, 245 (249).
[96] *Lunk/Hinrichs* in NZA 2007, 773 (775).
[97] *Lunk/Hinrichs* in NZA 2007, 773 (775).
[98] *Müller-Bonanni/Müntefering* in NJW 2009, 2347 (2347).

bezüglich der unternehmerischen Mitbestimmung in den Fällen, in denen die Zielgesellschaft ihren Sitz im Ausland hat[99].

Die Unternehmensmitbestimmung in der Zielgesellschaft richtet sich gem. § 4 MgVG primär nach dem nationalen Recht ihres Sitzstaates[100]; im Falle der Hereinverschmelzung also nach deutschem Recht. Obwohl es sich bei § 4 MgVG um die Ausgangsnorm des Gesetzes handelt, ist festzuhalten, dass dieser Grundsatz in der Praxis aufgrund zahlreicher Ausnahmen seltener Anwendung findet, als dies anhand der gesetzlichen Regelung vermutet werden kann[101]. Dies ist darauf zurückzuführen, dass § 4 MgVG lediglich bei Nichtanwendbarkeit des § 5 MgVG eingreift[102]. Nach § 5 Nr. 1 MgVG wird die Anwendbarkeit des deutschen Mitbestimmungsrechts durch ein Verhandlungsverfahren in den Fällen verdrängt, in denen sechs Monate vor Veröffentlichung des Verschmelzungsplanes mindestens eine der an der Verschmelzung beteiligten Gesellschaften im Durchschnitt mehr als 500 Arbeitnehmer beschäftigt und in der Gesellschaft ein Mitbestimmungssystem im Sinne des § 2 VII MgVG besteht.

Diese Regelung soll durch das Festsetzen eines Schwellenwerts von 500 Arbeitnehmern verhindern, dass schon bei einer relativ kleinen Zahl mitbestimmungsberechtigter Arbeitnehmer das aufwendige Verhandlungsverfahren in Gang gesetzt wird[103].

Ferner wird das Arbeitnehmerbeteiligungsverfahren gem. § 5 Nr. 2 MgVG in Gang gesetzt, wenn das für die Zielgesellschaft maßgebliche innerstaatliche Recht nicht mindestens den gleichen Umfang an Arbeitnehmermitbestimmung vorsieht wie er in den an der Verschmelzung beteiligten Gesellschaften bestand[104]. Diese Regelung erfasst die Fälle, in denen eine ausländische mitbestimmte Gesellschaft mit weniger als 500 Arbeitnehmern auf eine deutsche Gesellschaft verschmolzen wird, die nicht mitbestimmt ist und auch nach der Verschmelzung nicht den für das DrittelbG erforderliche

---

[99] *Müller-Bonanni/Müntefering* in NJW 2009, 2347 (2348).
[100] *Köstler* in BKMT S. 91 Rn. 109.
[101] Vgl. *Köstler* in BKMT S. 91 Rn. 109; *Nikoleyczik/Führ* in DStR 2010, 1743 (1744).
[102] *Lunk/Hinrichs* in NZA 2007, 773 (774).
[103] *Müller-Bonanni/Müntefering* in NJW 2009, 2347 (2348).
[104] *Köstler* in BKMT S. 92 Rn. 110.

Schwellenwert von 500 Arbeitnehmern erreicht[105]. In diesem Fall wird durch die vorgeschriebenen Verhandlungen zumindest über mögliche Beteiligungsrechte der Arbeitnehmer diskutiert und diese nicht per Gesetz ausgeschlossen.

Das deutsche Mitbestimmungsrecht wird nach § 5 Nr. 3 MgVG auch in den Fällen verdrängt, in denen es für Arbeitnehmer in Betrieben in anderen Mitgliedsstaaten nicht den gleichen Anspruch auf Ausübung von Mitbestimmung vorsieht, wie es den Arbeitnehmern in dem Sitzstaat der Zielgesellschaft gewährt wird[106].

Eine durch den § 5 MgVG ermöglichte autonome Mitbestimmungsvereinbarung ist ein Novum im deutschen Recht, da die zwingende Arbeitnehmermitbestimmung durch Arbeitnehmer- und Arbeitgebervertreter verhandelt wird[107] und gesetzlichen Vorschriften weitgehend entzogen ist.

3. Ablauf des Verfahrens der Arbeitnehmerbeteiligung

Am Anfang einer Verschmelzung steht der Verschmelzungsplan. Dieser wird den Gesellschafterversammlungen der beteiligten Rechtsträger zur Beschlussfassung vorgelegt[108]. Bevor die Verschmelzung bei erfolgreicher Vollendung eingetragen werden kann, muss mit den Arbeitnehmern zwingend über die Arbeitnehmerbeteiligungsrechte verhandelt worden sein[109].

Nach Benachrichtigung der Arbeitnehmervertreter, gemäß § 6 II MgVG[110], über die anstehende Verschmelzung werden die Verhandlungen von den Leitungen der beteiligten Gesellschaften und einem zu bildenden besonderen Verhandlungsgremium (BVG) geführt[111]. In dieses Gremium wird für jede 10% der Gesamtbelegschaft aus einem Mitgliedsstaat der EU, in dem das Unternehmen vertreten ist, ein Repräsentant entsandt (§ 7 I 2 MgVG)[112]. Die genaue Verfahrensweise regelt ein Ausführungsgesetz, welches vom

---

[105] *Nikoleyczik/Führ* in DStR 2010, 1743 (1745).
[106] *Lunk/Hinrichs* in NZA 2007, 773 (774).
[107] *Lunk/Hinrichs* in NZA 2007, 773 (775).
[108] *Drinhausen/Keinath* in RIW 2006, 81 (82 f.).
[109] *Teichmann* in Der Konzern 2007, 89 (90).
[110] *Müller-Bonanni/Müntefering* in NJW 2009, 2347 (2351).
[111] *Schubert* in RdA 2007, 9 (13).
[112] *Teichmann* in Der Konzern 2007, 89 (90).

jeweiligen Mitgliedsstaat erlassen wurde[113]. Für die Verhandlungen ist ein Zeitrahmen von sechs Monaten vorgegeben, dieser kann aber bei Bedarf um nochmals ein halbes Jahr verlängert werden, § 21 II MgVG[114].

4. Der Verlauf der Verhandlungen

Schließen die Parteien, also die Unternehmensleitungen und BVG, auf dem Wege der Verhandlungslösung eine Vereinbarung, so gilt diese für die Zielgesellschaft. Welche Möglichkeiten für die Parteien darüber hinaus bestehen sowie die Vor- und Nachteile der verschiedenen Vorgehensweisen wird nachstehend dargestellt und beurteilt.

a. Verzicht auf Verhandlungen von Seiten der Unternehmensleitungen

§ 23 I 1 Nr. 3 MgVG ermöglicht es den Leitungen der Unternehmen, gar nicht erst in die Verhandlungen mit dem BVG einzusteigen. Dies erfordert jedoch von Unternehmensseite das Bekenntnis, die gesetzliche Auffanglösung, die bei einem Scheitern von etwaigen Verhandlungen eingreifen würde, in der Zielgesellschaft umsetzen zu wollen. Hintergrund ist der praxisnahe Gedanke, den Gesellschaften eine zügige Verschmelzung zu ermöglichen, ohne dass dies zu Verlusten der Beteiligungsrechte der Arbeitnehmer führt[115].

aa. Gesetzliche Anforderungen an die Auffanglösung

Um die gesetzliche Auffanglösung zur Anwendung zu bringen, müssen bestimmte Voraussetzungen erfüllt sein. Neben dem Umstand, dass ein Ausnahmefall i. S. d. § 5 MgVG vorliegen muss, hat die Verschmelzungs-RL in Art. 16 III e ein Mindestquorum festgesetzt, welches durch § 23 I 2 MgVG Eingang in das deutsche Gesetz gefunden hat. Danach müssen vor der Verschmelzung mindestens 33,33 % der Arbeitnehmer von einer Form der Mitbestimmung betroffen sein; das BVG muss die Auffangregelung ungeachtet des Quorums durch Beschluss herbeigeführt haben[116].

---

[113] *Teichmann* in Der Konzern 2007, 89 (90).
[114] *Schubert* in RdA 2007, 9 (13).
[115] *Kisker* in RdA 2006, 206 (211).
[116] *Nikoleyczik/Führ* in DStR 2010, 1743 (1749).

Nach dem Wortlaut der Regelung wäre auch für die Fälle des § 23 I 1 Nr. 3 MgVG ein endgültiges Votum des BVG zu Gunsten der Auffangregelung nötig. Dies liefe dem Sinn und Zweck des § 23 I 1 Nr. 3 MgVG zuwider, der gerade eine zügige Verschmelzung ohne hohe Kosten und mit wenig Zeitaufwand forcieren möchte. Würde man dem Gesetzeswortlaut folgen, könnte jedoch das BVG die Verschmelzung durch einen nach § 23 I 2 Nr. 2 MgVG erforderlichen Beschluss hinauszögern. In dem Fall des § 23 I 1 Nr. 3 MgVG ist der § 23 I 2 Nr. 2 MgVG dahingehend auszulegen und teleologisch zu reduzieren, dass ein Beschluss des BVG nur für den Fall des § 23 I Satz 1 Nr. 2 MgVG erforderlich ist[117]. Die Unternehmensleitungen können demnach, wie es aus pragmatischen Gründen sinnvoll ist, die Auffanglösung ohne das BVG herbeiführen.

bb. Praktischer Sinn der Auffanglösung

Es stellt sich die Frage, welches Interesse die Arbeitgeberseite an dem Herbeiführen der Auffanglösung hat, da sich damit meist auch das Mitbestimmungsrecht des beteiligten Mitgliedstaates mit dem höchsten Schutzniveau für die Arbeitnehmer durchsetzt[118].

Durch die Option, ein Verhandlungsverfahren zu vermeiden und die Auffanglösung herbeizuführen, können die Unternehmensleitungen Kosten und Zeit sparen. Allein diese beiden Faktoren können bei gesellschaftsrechtlichen Transaktionen aufgrund der Erforderlichkeit eines raschen Handels von erheblicher Bedeutung sein[119]. Dass das Unternehmen mit der Auffanglösung belastet wird, ist meist hinnehmbar, da es im Ergebnis kaum möglich ist, die Mitbestimmung in einem Verhandlungsverfahren mit dem BVG komplett „wegzuverhandeln". Es kann daher für die Verfahrenserleichterung oftmals schon Vorteil genug sein, dass die Transaktion erheblich beschleunigt wird.

Jedoch bieten sich auch konkrete Möglichkeiten, die unliebsame Mitbestimmung zu beeinflussen, indem das bisherige Mitbestimmungsniveau ‚eingefroren' wird. Hintergrund ist, dass bei Anwendung des MgVG die

---
[117] Vgl. *Brandes* in ZIP 2008, 2193 (2197); *Müller-Bonanni/Müntefering* in NJW 2009, 2347 (2352).
[118] *Teichmann* in Der Konzern 2007, 89 (92).
[119] Vgl. *Krause/Janko* in BB 2007, 2194 (2197).

Regelungen des DrittelbG und des MitbestG nicht mehr eingreifen. Da das MgVG im Gegensatz zu den deutschen Mitbestimmungsgesetzen jedoch keine Schwellenwerte kennt, wird die Mitbestimmung auf dem Niveau festgelegt, das zum Zeitpunkt der Verschmelzung galt[120]. Dies bedeutet, dass eine Zielgesellschaft, bei der die beteiligte deutsche Gesellschaft vorher dem DrittelbG unterfiel, die nach der Verschmelzung den Schwellenwert von 2.000 Arbeitnehmern überschreitet, immer noch nur dem DrittelbG unterfällt, obwohl sie formal die Voraussetzungen des MitbestG erfüllt[121].

Insbesondere für Unternehmen, welche in absehbarer Zeit die 2.000er-Schwelle überschreiten werden, bietet sich so die Möglichkeit, mittels einer Verschmelzung und der Herbeiführung der Auffanglösung den Status quo der Mitbestimmung zu wahren.

Abgelehnt wird diese Rechtsfolge für den Fall, dass eine nicht mitbestimmte deutsche Gesellschaft von dieser Möglichkeit Gebrauch machen will[122]. Diese Variante, in der die Mitbestimmung durch die Auffanglösung komplett ausgehebelt werden würde, schließt § 23 I 2 MgVG aus, indem er zumindest eine mitbestimmte Gesellschaft an der Verschmelzung verlangt[123].

Ein „Freizeichnen" von der Mitbestimmung ist folglich durch das Herbeiführen der gesetzlichen Auffanglösung nicht möglich, aber schon das „Einfrieren" der bereits geltenden Regelungen kann für Unternehmen sehr attraktiv sein, wie das obige Beispiel zeigt.

b. Optierungsrecht des BVG für das Mitbestimmungsrecht des Sitzstaates

Das Recht, die Verhandlungen mit der Unternehmensseite gar nicht erst aufnehmen zu müssen, steht gem. § 18 S. 1 MgVG auch dem BVG zu, ebenso wie die Möglichkeit, die bereits begonnenen Verhandlungen wieder

---

[120] Vgl. *Brandes* in ZIP 2008, 2193 (2199); vgl. *Götze/Winzer/Arnold* in ZIP 2009, 245 (253).
[121] A.A. *Krause/Janko* in BB 2007, 2194 (2197).
[122] *Oetker* in Erfurter Kommentar Einl. MitbestG, Rn. 24; a.A. *Brandes* in ZIP 2008, 2193 (2199).
[123] *Lunk/Hinrichs* in NZA 2007, 773 (779).

abzubrechen. Eine solche Vorgehensweise hat zur Folge, dass gem. § 18 S. 3 MgVG das Mitbestimmungsrecht des Sitzstaates zur Anwendung kommt[124].

c. Entbehrlichkeit des BVG bei Nutzung des § 23 I 1 Nr. 3 MgVG

Ob das BVG auch bei bewusstem Herbeiführen der Auffangregelung durch die Unternehmensleitungen zu etablieren ist, ist umstritten. § 25 MgVG setzt fest, dass die Verteilung der Aufsichtsratssitze vom BVG übernommen wird, so dass auch bei Eingreifen der Auffanglösung nach einer im Schrifttum vertretenen Auffassung die Gründung eines solchen Gremiums essentiell erscheint. Dies würde jedoch dem Sinn und Zweck des § 23 I 1 Nr. 3 MgVG zuwiderlaufen, da gerade ein zügiges Herbeiführen der Verschmelzung angestrebt wird[125]. Allein die Kosten bei Gründung eines BVG können extrem hoch sein. Wo jedoch nichts zu verhandeln ist, besteht auch kein Bedarf eines solchen Gremiums. Es bedarf daher nicht zwangsläufig der Gründung eines BVG.

5. Das Verhältnis von § 18 S. 1 zu § 23 I 1 Nr. 3 MgVG und die Auswirkungen auf die Praxis

Der Abbruch von Verhandlungen oder die Weigerung, solche aufzunehmen, kann große Bedeutung haben, gerade wenn deutsches Recht als Sitzstaatsrecht zur Anwendung kommt, da es im europäischen Vergleich aufgrund des hohen Schutzniveaus als mitbestimmungsfreundlich anzusehen ist. Um dies zu verhindern, sollte sich die Unternehmensseite genau überlegen, ob nicht direkt ein Beschluss nach § 23 I 1 Nr. 3 MgVG herbeigeführt werden sollte, um so den Vorgaben des § 18 S. 1 MgVG entgehen zu können. Im Verhältnis der beiden Paragraphen zueinander gilt der Grundsatz der zeitlichen Priorität und des Exklusivitätsverhältnisses. Hat demnach die Unternehmensleitung vom § 23 I 1 Nr. 3 MgVG Gebrauch gemacht, besteht für die Anwendbarkeit des § 18 S. 1 MgVG kein Raum mehr[126]. Hierbei ist die Unternehmensseite im zeitlichen Vorteil, da für das Herbeiführen der Auffangregelung weder Verhandlungen stattgefunden haben noch sich die

---

[124] *Hohenstatt/Dzida* in Arbeitsrecht Kommentar MgVG Rn. 16.
[125] *Müller-Bonanni/Müntefering* in NJW 2009, 2347 (2352).
[126] *Brandes* in ZIP 2008, 2193 (2197).

Verhandlungspartner zur konstituierenden Sitzung getroffen haben müssen. § 18 S. 1 MgVG hingegen ist darauf ausgelegt, dass es zu einer konstituierenden Sitzung nach § 14 I 1 MgVG gekommen sein muss.

Im Verhältnis der beiden Möglichkeiten ist somit das BVG im zeitlichen Nachteil ggü. den Unternehmensleitungen.

III. Grenzüberschreitende Verschmelzung (Herausverschmelzung)

Neben der Hereinverschmelzung ist vor allem die Herausverschmelzung von enormer Praxisrelevanz[127]. Im Vordergrund steht hierbei das Ausloten der Möglichkeiten für Unternehmen, die bereits in einer deutschen Rechtsform existieren, nun aber an den beschriebenen Vorteilen einer europäischen Rechtsform partizipieren möchten. Es handelt sich demnach um Optionen, die es ermöglichen, aus dem „laufenden Betrieb" heraus eine andere Rechtsform anzunehmen.

Gem. § 3 I 1 MgVG hat der deutsche Gesetzgeber lediglich die Regelungskompetenz für die Hereinverschmelzungen, da die Unternehmensmitbestimmung an einem ausländischen Sitz nicht in die nationale Regelungskompetenz fällt. Die an einem ausländischen Sitz geltenden Regelungen zur Unternehmensmitbestimmung richten sich wiederum nach den Umsetzungsvorschriften der Verschmelzungs-RL in diesem Mitgliedsstaat. Aber auch für diesen Mitgliedsstaat ist Art. 16 der Verschmelzungs-RL maßgebend. Dieser bestimmt in II a, dass das Mitbestimmungsrecht anzuwenden ist, welches den größtmöglichen Schutz für die Arbeitnehmer bietet und durch eine Gesellschaft an der Verschmelzung beteiligt ist. Dies dürfte bei Beteiligung von deutschen Gesellschaften in den meisten Fällen deutsches Recht sein[128].

Somit ist eine Form der Mitbestimmung auch in der Zielgesellschaft gesichert. Für die Unternehmerseite sind in Hinblick auf die Vermeidung von Arbeitnehmermitbestimmung zwei Konstellationen interessant.

---

[127] Vgl. *Götze/Winzer/Arnold* in ZIP 2009, 245 (249).
[128] *Götze/Winzer/Arnold* in ZIP 2009, 245 (249).

Zum einen kann die noch nicht dem DrittelbG unterfallende Gesellschaft auf eine ausländische Gesellschaft verschmolzen werden, in deren Land keine Mitbestimmungsregelungen bestehen. Damit hat die deutsche Gesellschaft unabhängig von zukünftig zu übertretenden Schwellenwerten das Mitbestimmungsniveau auf „Null" gehalten, wenn das Mitbestimmungsregime des Auslands nichts anderes bestimmt[129].

Zum anderen ist die Verschmelzung einer mitbestimmten deutschen Gesellschaft auf eine in Ermangelung von Mitbestimmungsregelungen in dem jeweiligen Mitgliedsstaat nicht mitbestimmte ausländische Gesellschaft denkbar. Auch hier ist die Mitbestimmung zunächst einmal durch die Verschmelzungs-RL gesichert. Jedoch bietet eine sich an diesen Vorgang anschließende neuerliche Verschmelzung der Zielgesellschaft mit einer weiteren in dem Mitgliedsstaat sitzenden Gesellschaft die Möglichkeit, sich von der Mitbestimmung zu trennen[130]. Die bei der grenzüberschreitenden Verschmelzung aus Deutschland „herübergerettete" Mitbestimmung wird durch diese zweite innerstaatliche Verschmelzung endgültig beseitigt.

Gerade eine solche Vorgehensweise wurde aber von der Verschmelzungs-RL bedacht, indem ein temporärer Bestandsschutz in Art. 16 VII eingeführt wurde. Dieser auf drei Jahre festgesetzte Bestandsschutz findet sich in § 30 MgVG wieder. Wird eine deutsche Gesellschaft folglich auf eine ausländische Gesellschaft verschmolzen, deren Sitzland keine Mitbestimmungsregelungen kennt, greift der dreijährige Bestandsschutz ein. Damit ist die Verschmelzung selbst nicht ausreichend, um die unternehmerischen Mitbestimmung zu beseitigen. Nach Ablauf der drei Jahre endet jedoch der Schutz, welcher die in dem ursprünglich deutschen Unternehmen geltenden Regelungen gewahrt hat. Es tritt die Situation ein, dass eine weitere Verschmelzung auf eine Gesellschaft in demselben Land, in dem keine Mitbestimmungsregelungen existieren, ein „Abstreifen" der Mitbestimmungsregelungen zur Folge hat.

Die Verschmelzungs-RL hat eine Flucht aus der Mitbestimmung mittels einer grenzüberschreitenden Verschmelzung erschwert, ohne sie direkt

---

[129] Vgl. Art. 16 I Verschmelzungs-RL.
[130] *Teichmann* in Der Konzern 2007, 89 (93).

auszuschließen. Exemplarisch sind hierfür die gesetzlichen Bestimmungen zur Bestandswahrung der Mitbestimmung nach Art. 16 VII der Verschmelzungs-RL. Hierbei wurde jedoch mit der Drei-Jahres-Regel zeitlich kein umfassender strenger Bestandsschutz gewährt, wie für eine grenzüberschreitende Verschmelzung mit dem Ziel der Lossagung von der unternehmerischen Mitbestimmung gezeigt wurde.

Durch eine zeitlich um drei Jahre verzögerte Anschlussverschmelzung lässt sich die unternehmerische Mitbestimmung in Ermangelung entgegenstehender gesetzlicher Missbrauchsregelungen relativ leicht abstreifen. Die Verschmelzungs-RL ist in diesem Punkt die gesetzliche Legitimation einer solchen Vermeidungsstrategie, so dass dies tatsächlich eine praktisch gangbare Möglichkeit ist.

Interessant bleibt ferner die Vorgehensweise, in der sich eine nicht mitbestimmte deutsche Gesellschaft für eine grenzüberschreitende Verschmelzung entscheidet. In diesem Fall ist schon eine einfache grenzüberschreitende Verschmelzung ausreichend, um Mitbestimmung gar nicht erst entstehen zu lassen. Die Mitbestimmung wird unabhängig von der tatsächlichen Größe der Gesellschaft zum Zeitpunkt der Verschmelzung und für die Zukunft ausgeschlossen[131]. Einer Konstruktion über eine zweite Verschmelzung bedarf es nicht.

IV. Die Gründung einer Societas Europaea (SE)

Eine weitere Möglichkeit zur Vermeidung von Arbeitnehmerbeteiligung ist die Gründung einer Societas Europaea (SE).

1. Rechtliche Grundlagen und Entstehung der SE

Die europäische Gesellschaft wurde am 8.10.2001 durch die Verordnung[132] über die Europäische Gesellschaft und die ergänzende Richtlinie[133] zur Beteiligung der Arbeitnehmer durch den Rat der Europäischen Union

---

[131] *Götze/Winzer/Arnold* in ZIP 2009, 245 (249).
[132] S. Verordnung (EG) Nr. 2157/2001 des Rates vom 8.10.2001 über das Statut der Europäischen Gesellschaft (SE), ABl. EG Nr. L 294 vom 10.11.2001, S. 1ff; im Folgenden abgekürzt als SE-VO.
[133] RL 2001/86/EG des Rates v. 8.10.2001 zur Ergänzung des Statuts der Europäischen Gesellschaft hinsichtlich der Beteiligung der Arbeitnehmer, ABl Nr. L 294 v. 10.11.2007, 22 ff.; im Folgenden als SE-RL abgekürzt.

geschaffen. In Deutschland hat das Gesetz über die Beteiligung der Arbeitnehmer in einer Europäischen Gesellschaft vom 22.12.2004 die Vorgaben der Richtlinie umgesetzt[134].

Die Arbeitnehmermitbestimmung beruht auf einer der Umsetzung der Richtlinie durch die nationalen Gesetzgeber. Der Richtlinie an sich fehlt es an einem einheitlichen Modell der Arbeitnehmermitbestimmung, denn sie teilt diese vielmehr in ein Verfahren der Verhandlungslösung und in eines der Auffanglösung auf. Wie die genaue Arbeitnehmermitbestimmung in der SE aussieht, richtet sich in Deutschland nach dem Gesetz über die Beteiligung der Arbeitnehmer in einer Europäischen Gesellschaft (SEBG)[135].

2. Rechtsnatur und Gründung einer SE

Bei der Europäischen Gesellschaft handelt es sich um eine Gesellschaft mit eigener Rechtspersönlichkeit, deren Kapital von mindestens 120.000 € in Aktien zerlegt ist (Art. 4 II SE-VO)[136]. Ihre Rechtsfähigkeit beginnt mit Eintragung ins Handelsregister[137]. Als juristische Person ist sie Trägerin von Rechten und Pflichten[138].

Die Gründung einer SE unterliegt einem in Art. 2 SE-VO enthaltenen Numerus clausus der Gründungsarten[139]. Eine Gründung ist demnach nur durch Verschmelzung von mindestens zwei Aktiengesellschaften, aus mehreren EU- oder EWR-Ländern, durch formwechselnde Umwandlung sowie durch die Gründung einer Holding- SE oder einer Tochter-SE zu erreichen[140].

3. Das Verhandlungsverfahren

Das SEBG setzt das der SE-RL zu Grunde liegende Konzept um, nach dem die Beteiligten einer SE die zur Anwendung kommenden Beteiligungsrechte

---

[134] Das Gesetz über die Beteiligung der Arbeitnehmer in einer Europäischen Gesellschaft wird im Folgenden abgekürzt als SEBG.
[135] *Oetker* in Erfurter Kommentar Einleitung MitbestG Rn. 21.
[136] *Edenfeld* S. 252 Rn. 345; *Maul* in Drinhausen/Van Hulle/Maul 2. Abschnitt S. 33 Rn. 2.
[137] Vgl. *Schröder* in Manz/Mayer/Schröder Teil A Vorbemerkungen S. 34 Rn. 40.
[138] *Maul* in Drinhausen/Van Hulle/Maul, 2. Abschnitt S. 33 Rn. 1.
[139] Vgl. *Götze/Winzer/Arnold* in ZIP 2009, 245 (250).
[140] *Oetker* in Lutter/Hommelhoff § 1 SEBG S. 876 Rn. 7.

vor Eintragung selbst aushandeln können, sog. Verhandlungsverfahren[141]. Ziel ist es, für jede SE eine maßgeschneiderte Mitbestimmungsvereinbarung zu erreichen, die den unterschiedlichen Beteiligungsrechten in den verschiedenen beteiligten Mitgliedsstaaten Rechnung trägt[142].

a. Ablauf des Verhandlungsverfahrens

Die beteiligten Gesellschaften informieren vor Gründung einer SE die zuständigen Arbeitnehmervertretungen über das Vorhaben und fordern sie auf, ein besonderes Verhandlungsgremium (BVG) zu gründen[143]. Gemäß Art. 12 II SE-VO haben vor Eintragung ins Handelsregister Verhandlungen stattzufinden.

b. Bildung des besonderen Verhandlungsgremiums

Das BVG ist ein Gremium, welches sich aus Arbeitnehmervertretern zusammensetzt und alle an der Gründung beteiligten Gesellschaften vertritt[144]. Die Regelungen über das Zustandekommen und die Aufgaben des BVG sowie die Verhandlungsfristen sind mit denen über das BVG bei einer grenzüberschreitenden Verschmelzung identisch[145]. Jeder Mitgliedsstaat, in dem Arbeitnehmer der beteiligten Gesellschaften beschäftigt sind, wird in dem BVG repräsentiert[146]. Die Anzahl seiner Repräsentanten erhöht sich in dem Maße, in dem der Anteil an der Gesamtbelegschaft in 10%-Intervallen steigt.

4. Möglichkeiten des Verhandlungsverlaufs

Es sind verschiedene Verhandlungsausgänge denkbar, welche im Folgenden erläutert werden.

a. Konsenserzielung

Erzielen die Parteien in den Verhandlungen eine Einigung, so ist diese Einigung für das Mitbestimmungsniveau in der SE bindend. Den Parteien steht hierbei ein weiter Verhandlungsspielraum zu. Ein komplettes „Weg-

---

[141] Vgl. *Kleinmann/Kujath* in Manz/Mayer/Schröder § 2 SEBG S. 788 Rn. 4; vgl. *Zimmer* in Lutter S. 369.
[142] Vgl. *Kleinmann/Kujath* in Manz/Mayer/Schröder § 2 SEBG S. 788 Rn. 4; *Henssler* in Bitburger Gespräche 2006, 83 (92).
[143] *Mävers* S. 419-420.
[144] *Herfs-Röttgen* in NZA 2002, 358 (359).
[145] Vgl. *Hohenstatt/Dzida* in Arbeitsrecht Kommentar MgVG Rn. 13.
[146] Vgl. *Forst* S. 125.

verhandeln" der unternehmerischen Mitbestimmung wird selten erzielt, da ein Scheitern der Verhandlungen die gesetzliche Auffanglösung zur Anwendung bringt[147].

Es kommt deshalb, wenn überhaupt, zu einer Minimierung der bestehenden Mitbestimmung. Ist dies der Fall, hat gemäß § 15 III SEBG ein 2/3 Beschluss des BVG zu ergehen. Kommt es durch die Vereinbarung zu keiner Minimierung der Mitbestimmung, reicht zum Abschluss der Verhandlungen die einfache Mehrheit des BVG[148].

b. Scheitern der Verhandlungen

Trotz der weitreichenden Autonomie der Parteien bei den Verhandlungen können diese innerhalb der gesetzlich vorgesehenen Frist scheitern. Für diesen Fall greifen die gesetzlichen Vorschriften des SEBG ein[149]. Die den Parteien gewährte Flexibilität und Verantwortung wird durch das Gesetz in § 1 II 2 SEBG im Sinne eines Mindeststandards der Arbeitnehmerbeteiligung bei Scheitern der Verhandlungen gesichert. Die gesetzliche Auffangregelung über die Mitbestimmung der Arbeitnehmer (§§ 34-38 SEBG) greift ein, wenn die Voraussetzungen des § 34 I erfüllt sind[150]. Die Auffangregelungen sind demnach anwendbar, wenn in einer der beteiligten Gesellschaften auch vorher schon Mitbestimmungsrechte für die Arbeitnehmer galten. Nur in diesen Fällen besteht ein berechtigtes Interesse am Eingreifen einer „Vorher-Nachher-Regelung"[151]. Ferner darf kein Fall des § 16 SEBG vorliegen[152].

Sind die Voraussetzungen für das Eingreifen der Auffangregelung erfüllt, greift dasjenige Mitbestimmungsmodell der Gründungsgesellschaften, welches am weitreichendsten ist. Die Zahl der Arbeitnehmervertreter im Aufsichtsrat richtet sich also gemäß § 35 II 2 SEBG nach dem höchsten Anteil an Arbeitnehmervertretern, der in den Organen vor der Eintragung bestanden hat[153]. Hierbei ist wichtig, dass der Anteil nicht in absoluten

---

[147] *Müller-Bonanni/Müntefering* in BB 2009, 1699 (1700).
[148] Vgl. *Götze/Winzer/Arnold* in ZIP 2009, 245 (251).
[149] Vgl. *Weiss/Wöhlert* in NZG 2006, 121 (122).
[150] Vgl. *Braun* S. 97.
[151] *Köklü* in Drinhausen/Van Hulle/Maul 6. Abschnitt S. 203 Rn. 202.
[152] Vgl. *Weiss/Wöhlert* in NZG 2006, 121 (122).
[153] Vgl. *Götze/Winzer/Arnold* in ZIP 2009, 245 (251).

Zahlen bestimmt wird, sondern prozentual beibehalten werden muss. Daher kann auch der Fall eintreten, dass das Gremium verkleinert werden kann, solange nur der prozentuale Anteil gleich bleibt[154].

c. Schwellenwerte

Damit sich das höchste Mitbestimmungsniveau der beteiligten Gesellschaften auch in der SE fortsetzt, bedarf es der Erfüllung einiger Schwellenwerte, die von der Gründungsart abhängig sind. Die Schwellenwerte beziehen sich auf die Arbeitnehmer, die in der jeweiligen Gesellschaft tatsächlich in den Genuss des Mitbestimmungsniveaus gekommen sind[155].

Bei einer SE-Gründung durch Verschmelzung bedarf es mindestens 25% der Gesamtarbeitnehmerzahlen, während bei der Gründung einer Holding-SE oder Tochter-SE 50% der Arbeitnehmer „betroffen" sein müssen[156]. Werden die Schwellenwerte unterschritten, bedarf es eines mit absoluter Mehrheit gefassten Beschlusses des BVG, um die Auffanglösung zur Anwendung zu bringen (§ 34 I b und c SEBG)[157].

d. Scheitern oder Nichtaufnahme der Verhandlungen von Seiten des BVG

Bricht das BVG die Verhandlungen über die Mitbestimmung mit den Unternehmensleitungen ab, kommt die gesetzliche Auffanglösung gemäß § 16 II 2 SEBG nicht zur Anwendung[158]. Die §§ 34-38 SEBG werden in diesem Fall nicht berücksichtigt. Dies gilt auch für den Fall, in dem die Gesellschaft vorher der Mitbestimmung unterlag. Die SE kann in das Handelsregister eingetragen werden. Aufgrund dieser weitreichenden Konsequenz, welche die Mitbestimmungsfreiheit der SE zur Folge hat und somit alle Arbeitnehmer betrifft, bedarf es einer doppelten Zwei-Drittel-Mehrheit im BVG. Dies normiert § 15 III SEBG[159]. Die Zwei-Drittel-Mehrheit muss dabei auch Zwei-Drittel der Arbeitnehmer in mindestens

---

[154] *Kleinmann/Kujath* in Manz/Mayer/Schröder § 35 SEBG S. 855 Rn. 2.
[155] *Grobys* in NZA 2005, 84 (90).
[156] *Nagel* in Nagel/Freis/Kleinsorge § 34 SEBG S. 219 Rn. 5,7.
[157] *Kleinsorge* in WWKK S. 868 Rn. 50.
[158] *Köklü* in in Drinhausen/Van Hulle/Maul 6. Abschnitt S. 194 Rn. 76.
[159] Vgl. *Weiss/Wöhlert* in NZG 2006, 121 (123).

zwei Mitgliedsstaaten vertreten, so dass die Hürde für eine mitbestimmungsfreie SE nicht zu tief angesetzt wird[160].

In der Praxis wird ein solcher Beschluss aufgrund der Folgen äußerst selten vorkommen, da er einem „Verschenken" der Verhandlungsmöglichkeiten gleichkommt.

5. Neuverhandlungen nach strukturellen Änderungen nach Gründung der SE

Im Rahmen des SEBG sind Neuverhandlungen durch Gesetz bei anstehenden strukturellen Änderungen vorgeschrieben. Diese Neuverhandlungen dienen dem Ziel, die einmal vereinbarte Arbeitnehmerbeteiligung auf Unternehmensebene auch nach weiteren Umstrukturierungen zu sichern[161]. Das Grundprinzip der Sicherung erworbener Rechte gilt auch über die Gründungsphase der SE hinaus[162]. Hierbei werden insbesondere solche Umstrukturierungen vom Anwendungsbereich des § 18 III SEBG umfasst, die tendenziell dazu geeignet sind, die Mitbestimmungsrechte der Arbeitnehmer in der SE zu mindern. Die Verletzung des § 18 III SEBG begründet gemäß § 43 SEBG die Vermutung eines Missbrauchs der SE, welcher gemäß § 45 I Nr. 2 SEBG mit Freiheitsstrafe von bis zu zwei Jahren oder Geldstrafen sanktioniert wird[163].

a. Der Begriff der strukturellen Änderung

Eine Legaldefinition des Begriffs der strukturellen Änderung beinhaltet das SEBG nicht, sodass es schwierig ist, einen abschließenden Katalog zu bestimmen[164]. § 18 III SEBG ist jedoch restriktiv auszulegen, so dass lediglich Änderungen umfasst sind, die gründungsähnlichen Charakter haben[165]. Dies geht aus dem Erwägungsgrund 18 der SE-RL Richtlinie hervor, der besagt, dass die bei Neugründungen einer SE geltende „Vorher-Nachher-Betrachtung" auch bei strukturellen Änderungen anzuwenden

---

[160] Vgl. *Grobys* in NZA 2005, 84 (87); *Herfs-Röttgen* in NZA 2001, 424 (427).
[161] Vgl. *Freis* in Nagel/Freis/Kleinsorge § 18 SEBG S. 174 Rn. 16.
[162] *Kleinsorge* in WWKK S. 858 Rn. 23.
[163] *Köklü* in Drinhausen/Van Hulle/Maul 6. Abschnitt S. 196 Rn. 83.
[164] Vgl. *Evers* in Manz/Mayer/Schröder § 18 SEBG S. 825 Rn.8.
[165] *Jakobs* in Münchener Kommentar zum AktG Bd. 9/2 § 18 S. 848, Rn. 12; *Forst* S. 175.

ist[166]. Ein bloßes Ansteigen der Arbeitnehmerzahlen im Sinne eines organischen Unternehmenswachstums kann demnach keine strukturelle Änderung darstellen. Vielmehr muss es sich um Änderungen von einer erheblichen Tragweite wie z. B. eine Verschmelzung der SE oder einer Abspaltung handeln[167].

b. Bedeutung für die Arbeitnehmer

Weitere Voraussetzung, damit eine strukturelle Änderung in den Anwendungsbereich des § 18 III SEBG fällt, ist die mindernde Auswirkung auf die Beteiligungsrechte der Arbeitnehmer auf Unternehmensebene[168]. Hierbei ist das Niveau der Mitbestimmung auf Unternehmensebene vor der strukturellen Änderung mit dem jetzigen nach der strukturellen Änderung zu vergleichen. Kommt es demnach zu einer Minderung der Beteiligungsrechte, sind Verhandlungen durchzuführen, die entweder zu einer neuen Regelung über die Mitbestimmung führen oder aber scheitern. In diesem Fall greift die gesetzliche Auffangregelung nach §§ 34-38 SEBG[169]. Da es sich bei § 18 III 3 SEBG um eine Rechtsgrundverweisung handelt, muss die gesetzliche Frist bei Scheitern der Verhandlungen abgelaufen sein und es darf kein Beschluss nach § 16 SEBG vorliegen. Des Weiteren müssen die gesetzlichen Quoren nach § 34 SEBG erfüllt sein[170].

V. Vergleich der Strategien Verschmelzung und SE

Die Verfahren, die eine Beteiligung der Arbeitnehmer vorschreiben, ähneln sich bei der Gründung einer SE und bei einer grenzüberschreitenden Verschmelzung. Dennoch gibt es wesentliche Unterschiede in der Konsequenz der jeweiligen Vermeidungsstrategie.

---

[166] *Henssler* in UHH Einl. S. 750 Rn. 209.
[167] Vgl. *Evers* in Manz/Mayer/Schröder § 18 SEBG S. 825 Rn.9; *Henssler* in UHH Einl. S. 751 Rn. 214; *Müller-Bonanni/Müntefering* in BB 2009, 1699 (1703); *Grobys* in NZA 2005, 84 (91).
[168] Vgl. *Freis* in Nagel/Freis/Kleinsorge § 18 SEBG S. 174 Rn. 14.
[169] Vgl. *Evers* in Manz/Mayer/Schröder § 18 SEBG S. 826 Rn.17.
[170] Vgl. *Evers* in Manz/Mayer/Schröder § 18 SEBG S. 826 Rn.18, 19; *Jakobs* in Münchener Kommentar zum AktG Bd. 9/2 § 18 S. 852 Rn.23.

1. Verhandlungspflicht

Einer der großen Unterschiede ist die (Un-)Vermeidbarkeit von Verhandlungen. Während es bei der grenzüberschreitenden Verschmelzung für die Arbeitgeberseite grundsätzlich möglich ist, den Verhandlungen mit dem BVG zu entgehen, indem die gesetzliche Auffanglösung zur Anwendung gebracht wird, ist dies bei der Gründung einer SE nicht zulässig. Bei jener Vorgehensweise ist es vielmehr geboten, Verhandlungen zu führen und ggf. die vorgeschriebene Frist von sechs Monaten erfolglos auslaufen zu lassen. Dieser Umstand kostet Zeit und Geld, da das Etablieren eines BVG ein kostspieliges Verfahren darstellt. Im Vergleich ist die grenzüberschreitende Verschmelzung ein zügiges und kostengünstigeres Verfahren.

Sollten in beiden Fällen Verhandlungen stattfinden, unterscheiden sich die Rechtsfolgen eines Scheiterns, welches seitens des BVG veranlasst wurde. Während dieses Vorgehen im Rahmen einer SE-Gründung zu dem Ergebnis führt, dass die SE gem. § 16 II 2 SEBG mitbestimmungsfrei bleibt, ist dies bei einer grenzüberschreitenden Verschmelzung nicht der Fall. Entscheidet sich das BVG bei einer grenzüberschreitenden Verschmelzung für einen Verhandlungsabbruch oder ein Nichtverhandeln, führt dies dazu, dass das Mitbestimmungsrecht des Sitzlandes zur Anwendung kommt. Hat die Zielgesellschaft ihren Sitz in Deutschland, könnten folglich das DrittelbG oder das MitbestG eingreifen.

Diese verschiedenen Folgen haben zudem Auswirkungen auf die Verhandlungsposition der Parteien. Während das BVG bei der Gründung einer SE die Verhandlungen sehr wahrscheinlich aufnehmen und auch nicht einseitig scheitern lassen wird, ist dies bei der grenzüberschreitenden Verschmelzung anders. Hier kann es aus Sicht der Unternehmen sinnvoll sein, ganz bewusst die Auffanglösung zur Anwendung zu bringen, wenn das Mitbestimmungsniveau im Sitzland der Zielgesellschaft am größten ist.

Aus Unternehmersicht spricht dieser Aspekt entschieden gegen eine grenzüberschreitende Verschmelzung und für die Gründung einer SE. Es bleibt jedoch zweifelhaft, ob es überhaupt zu einem Abbruch oder Nichtverhandeln bei der Gründung einer SE kommt, da auch das BVG die Konsequenzen kennt. Ferner besteht seitens der Unternehmensleitungen das

Optierungsrecht nach § 23 I 1 Nr. 3 MgVG, welches zur Anwendbarkeit der Auffanglösung führen würde. Dies erscheint nur dann als sinnvoll, wenn das dann anwendbare Recht die Bedürfnisse der Zielgesellschaft erfüllt.

2. Einfrieren der Mitbestimmungsfreiheit

Oftmals ist Unternehmen schon mit dem Konservieren des bislang bestehenden Mitbestimmungsniveaus geholfen, damit sie in Zukunft keinen strengeren Regeln unterworfen werden. Eine solche Möglichkeit besteht bei der Gründung einer SE, wenn die hieran beteiligten Gesellschaften vorher mitbestimmungsfrei waren. In einem solchen Fall führt das Arbeitnehmerbeteiligungsverfahren kombiniert mit dem „Vorher-Nachher-Prinzip" bei einer Umwandlung zu einer dauerhaften Mitbestimmungsfreiheit in der SE[171].

3. Einfrieren eines bereits bestehenden Mitbestimmungsniveaus

Das zum Einfrieren der Mitbestimmungsfreiheit Gesagte gilt auch bei der SE für das Einfrieren eines bereits bestehenden Mitbestimmungsniveaus. Ist eine deutsche Aktiengesellschaft nach dem DrittelbG mitbestimmt und wird eine ausländische Gesellschaft auf sie zu einer SE verschmolzen, herrscht weiterhin das DrittelbG in der SE, wenn es zu keiner anderweitigen Absprache mit dem BVG kommt. Dies gilt auch dann, wenn der Schwellenwert von 2.000 Arbeitnehmern in der SE später überschritten wird.

Aufgrund der Tatsache, dass § 47 I Nr. 1 SEBG dem SEBG Vorrang gegenüber den deutschen Mitbestimmungsgesetzen einräumt, das SEBG also Lex specialis ist, ist das spätere Überschreiten von Schwellenwerten für das einmal geltende Mitbestimmungsstatut der SE irrelevant.

Trotz des Fehlens einer mit § 47 I Nr. 1 SEBG vergleichbaren Vorschrift im MgVG ist das Einfrieren des bereits geltenden Mitbestimmungsniveaus auch hier möglich. Das Argumentationsmuster ist vergleichbar mit dem bei der SE, da das MgVG ebenso die deutschen Gesetze zur Mitbestimmung verdrängt wie das SEBG. Sollte es demnach zu der gesetzlichen Auffanglö-

---

[171] *Müller-Bonanni/Müntefering* in BB 2009, 1699 (1702).

sung kommen, ist auch hier keine Rücksicht auf später zu überschreitende Schwellenwerte zu nehmen. Das einmal geltende Mitbestimmungsniveau z. B. des DrittelbG gilt demnach ebenso bei mehr als 2.000 Arbeitnehmern weiter.

4. Nachverhandlungspflicht bei strukturellen Änderungen

Zuletzt wird die Vorgehensweise bei strukturellen Änderungen betrachtet. Richtigerweise wird für beide Formen beim nachträglichen Ansteigen der Arbeitnehmerzahlen keine strukturelle Änderung bejaht. Interessanter ist die bei der grenzüberschreitenden Verschmelzung aufgeführte Möglichkeit, mittels einer zweiten innerstaatlichen Verschmelzung in einem Land ohne Mitbestimmung zu einer mitbestimmungsfreien Gesellschaft zu gelangen. Während § 30 MgVG hierfür nur den auf drei Jahre ausgerichteten Bestandsschutz des Mitbestimmungsrechts vorsieht, beinhaltet das SEBG in § 18 III die Regelung, dass im Falle struktureller Änderungen Nachverhandlungen zu erfolgen haben. Eine Verschmelzung wäre unter eine strukturelle Änderung zu subsumieren. Eine Flucht aus diesen Verhandlungen ist für die Unternehmensleitungen hier nicht vorgesehen. In dieser Hinsicht stellt die grenzüberschreitende Verschmelzung wiederum die besser planbare Maßnahme dar, mit der nach drei Jahren in jedem Fall ein Ausstieg aus der Mitbestimmung möglich ist.

Festzuhalten bleibt aber, dass eine pauschale Empfehlung für oder gegen die eine oder andere Vorgehensweise nicht erfolgen kann. Dafür sind die Vorteile zu sehr von Einzelheiten abhängig. Eignet sich bei zwei Unternehmen, die mitbestimmungsfrei sind, eher der Weg über die SE, ist bei mindestens einer mitbestimmten Gesellschaft die grenzüberschreitende Verschmelzung mit einer anschließenden innerstaatlichen Verschmelzung in einem Mitgliedsstaat ohne Mitbestimmung eine sinnvolle Maßnahme, um sich aus der Mitbestimmung zu befreien.

E. Ergebnis

Nach den voranstehenden Ausführungen bleibt festzuhalten, dass es für Unternehmen verschiedene Strategien gibt, um eine Befreiung oder direkte Vermeidung von unternehmerischer Mitbestimmung zu erreichen.

Einige dieser Möglichkeiten erscheinen für deutsche Unternehmen durchaus praktikabel und geeignet, wobei dies letztlich vom konkreten Einzelfall abhängt und nicht pauschal festgelegt werden kann.

Auf nationaler Ebene sind die Gestaltungsmöglichkeiten für Unternehmer eher gering. Große Unternehmen werden nicht umsonst in der Rechtsform der Aktiengesellschaft oder der GmbH geführt, sodass der Vorschlag, Mitbestimmung durch die Wahl einer Personenhandelsgesellschaft zu begegnen, eher formaler Natur ist.

Dasselbe gilt für den Hinweis, sich als Unternehmen unterhalb der Schwellenwerte zu bewegen, um nicht in den Anwendungsbereich des DrittelbG oder des MitbestG zu fallen. Dies ist für ein Unternehmen keine zukunftsträchtige Lösung und zudem wachstumsfeindlich.

Eben solches Unternehmenswachstum durch Leiharbeitnehmer aufzufangen ist zwar findig, jedoch rechtlich problematisch. Gerade der Ansatz, Leiharbeitnehmer nur zur Vermeidung der Mitbestimmung einzusetzen, gilt als rechtsmissbräuchlich und wird von der Rechtsprechung letztlich nicht toleriert.

Die Verlagerung von Wachstum in Tochtergesellschaften ist hingegen eine gangbare Möglichkeit, solange die Vorschriften zur Arbeitnehmerzurechnung beachtet werden. Ähnlich gilt dies für eine Verlegung der Konzernspitze ins Ausland mit der Intention, in Deutschland verbliebene Tochter- und Enkelgesellschaften von Mitbestimmung freizuzeichnen. Auch hier hat der Gesetzgeber zu Gunsten des Erhalts der Mitbestimmung mit der protektiven Auffanglösung einen Weg gefunden, Unternehmen nicht allzu leicht aus der Mitbestimmung „zu entlassen". Insbesondere die Widerlegung der Vermutungsregel erscheint vor dem Hintergrund einer restriktiven Rechtsprechung als schwierig. Der Lösungsweg des Abschlusses eines Beherrschungsvertrages ist tendenziell als realisierbar, jedoch als sehr risikoreich anzusehen. Bislang ist die Rechtsprechung trotz starker Argumente, die hier für eine unternehmensfreundlichere Ansicht sprechen, nicht umgeschwenkt.

Vermeidungsstrategien mit Auslandsbezug versprechen hingegen eine große Praktikabilität und Durchsetzbarkeit. Hervorzuheben sind hier die Herein- und Herausverschmelzung sowie die Gründung einer SE.

Obwohl es bei der Herausverschmelzung einen gesetzlichen Bestandsschutz der Mitbestimmung gibt, gilt dieser als ‚stumpfes Schwert'. Der Schutz endet drei Jahre nach der Verschmelzung, sodass eine weitere innerstaatliche Verschmelzung in anderen Mitgliedsstaaten zu einem Absenken oder einem kompletten Abstreifen des Mitbestimmungsniveaus führen kann.

Die Hereinverschmelzung eignet sich insbesondere für das Einfrieren eines bereits bestehenden Mitbestimmungsniveaus. Dies ist vor allem für Unternehmen, die dem DrittelbG unterfallen, relevant. Da das MgVG keine Schwellenwerte kennt, hat ein späteres Ansteigen der Mitarbeiterzahl keinen Einfluss mehr auf das Mitbestimmungsniveau der Gesellschaft. Damit wird vielen Gesellschaften geholfen sein.

Die Gründung einer SE ist ebenfalls höchst praxisrelevant, da sie gleich mehrere Optionen für die Einflussnahme auf das Mitbestimmungsniveau im Unternehmen bietet.

Eine Bezeichnung der meisten Vermeidungsstrategien als Mittel zur „Flucht aus der Mitbestimmung" ist im Hinblick auf das Vorgenannte zurückzuweisen. Vielmehr ist es so, dass bestehende Mitbestimmungsniveaus eingefroren werden können. Dies kann im Extremfall zur Folge haben, dass eine Gesellschaft komplett mitbestimmungsfrei bleibt, obwohl die Belegschaft zu einem späteren Zeitpunkt mehr als 2.000 Arbeitnehmer umfasst. Einzig die grenzüberschreitende Verschmelzung mit anschließender innerstaatlicher Verschmelzung kann zu dem Ergebnis führen, dass ein ursprünglich geltendes Mitbestimmungsniveau wirklich abgeschafft wird.

Die Möglichkeiten für Unternehmen sind mannigfaltig, aber in ihren Konsequenzen begrenzt. Eine „leichte" Verabschiedung von der Mitbestimmung ist weitestgehend ausgeschlossen.

Die vorgestellten Handlungsmöglichkeiten eines Unternehmers bedürfen in jedem Einzelfall einer genauen Abwägung. Eine kosten- und beratungsintensive Restrukturierungsmaßnahme wie z.B. die grenzüberschreitende Verschmelzung oder die Gründung einer SE sollte daher nicht allein vor dem Hintergrund der Vermeidung der unternehmerischen Mitbestimmung forciert werden. Nebeneffekte wie Diskussionen mit den Arbeitnehmern, Gewerkschaften oder Betriebsräten sind bei einer Entscheidung nicht zu vernachlässigen, ebensowenig Öffentlichkeitswirkung oder eine erhöhte Beratungsintensität, wenn das Unternehmen ausländischem Recht unterfällt.

Die Diskussion um die unternehmerische Mitbestimmung und die Bestrebungen, diese zu vermeiden oder gering zu halten, wird weiter geführt werden, solange Deutschland an seinen strengen Regelungen festhält. Die durch die nationalen Vorschriften bedingte mangelnde Autonomie der Arbeitgeberseite wird Anlass genug sein, aus Unternehmersicht nach Umgehungswegen zu suchen.

Insbesondere das fortschreitende europäische Zusammenwachsen wird dazu führen, dass sich für deutsche Unternehmen neue Gestaltungsspielräume öffnen. Namentlich die Gründung einer SE oder die grenzüberschreitende Verschmelzung standen und stehen als bewährte Möglichkeiten mit Europabezug im Fokus der Unternehmen. Diese beiden Instrumente zur Beeinflussung der unternehmerischen Mitbestimmung werden um eine weitere Variante ergänzt werden. Die Gründungsmöglichkeit einer Societas Privata Europeae (SPE) sollte der Debatte um mögliche Vermeidungsstrategien zu gegebenem Zeitpunkt neuen Antrieb geben und weiteren Gestaltungsspielraum für deutsche Unternehmen eröffnen.

Bei einem Ausblick auf die Zukunft der unternehmerischen Mitbestimmung in Deutschland kann man zu dem Ergebnis kommen, dass die deutschen nationalen Regeln im Zeitalter europäischer Integration und tendenzieller Rechtsvereinheitlichung zumindest in Teilen nicht mehr haltbar sein werden.

LITERATURVERZEICHNIS

Bachner, Michael/ Köstler, Roland/ Matthießen, Volker/ Trittin, Wolfgang	Arbeitsrecht bei Unternehmensumwandlung und Betriebsübergang 3. Auflage Baden-Baden 2008 (Zit.: *Bearbeiter* in BKMT)
Brandes, Stephan	Mitbestimmungsvermeidung mittels grenzüberschreitender Verschmelzung In: ZIP 2008, S. 2193–2199 (Zit.: *Brandes* in ZIP 2008, Seite)
Braun, Silvia	Die Sicherung der Unternehmensmitbestimmung im Lichte des europäischen Rechts Baden-Baden 2005 (Zit.: *Braun*)
Brox, Hans/ Rüthers, Bernd/ Henssler, Martin	Arbeitsrecht 18. Auflage Stuttgart 2011 (Zit.: *Brox/Rüthers/Henssler*)
Drinhausen, Florian/ Keinath, Astrid	Die grenzüberschreitende Verschmelzung inländischer Gesellschaften nach Erlass der Richtlinie zur grenzüberschreitenden Verschmelzung von Kapitalgesellschaften in Europa In: RIW 2006, S. 81–87 (Zit.: *Drinhausen/Keinath* in RIW 2006, Seite)
Drinhausen, Florian/ Van Hulle, Karel/ Maul, Silja	Handbuch zur Europäischen Gesellschaft (SE) München 2007 (Zit.: *Bearbeiter* in Drinhausen/Van Hulle/Maul)
Edenfeld, Stefan	Betriebsverfassungsrecht. Mitbestimmung in Betrieb, Unternehmen und Behörde 3. Auflage Heidelberg 2010 (Zit.: *Edenfeld*)
Forst, Gerrit	Unternehmerische Mitbestimmung im Konzern unter Beteiligung supranationaler Rechtsformen In: Der Konzern 2010, S. 151-162 (Zit.: *Forst* in Der Konzern 2010, Seite)

Ders.	Abhandlungen zum deutschen und europäischen Handels- und Wirtschaftsrecht Köln 2010 (Zit.: *Forst*)
Franzen, Martin	Niederlassungsfreiheit, internationales Gesellschaftsrecht und Unternehmensmitbestimmung In: RdA 2004, S. 257-263 (Zit.: *Franzen* in RdA 2004, Seite)
Freis, Gerhild/ *Kleinefeld, Annette/* *Kleinsorge, Georg/* *Voigt, Burkhard*	Drittelbeteiligungsgesetz München 2004 (Zit.: *Freis/Kleinefeld/Kleinsorge/Voigt*)
Goette, Wulf/ *Habersack, Mathias/* *Kalss, Susanne* *(Hgg.)*	Münchner Kommentar zum Aktiengesetz Band 2: §§ 76-117 MitbestG, DrittelbG 3. Aufl. München 2008 (Zit.: *Bearbeiter* in Münchner Kommentar zum AktG Bd. 2)
Goette, Wulf/ *Kropff, Bruno/* *u. a.* *(Hgg.)*	Münchner Kommentar zum Aktiengesetz Band 9/2, §§ 239 – 410 AktG 2. Auflage München 2006 (Zit.: *Bearbeiter* in Münchner Kommentar zum AktG Bd. 9/2)
Götze, Cornelius/ *Winzer, Thomas/* *Arnold, Christian*	Unternehmerische Mitbestimmung – Gestaltungsoptionen und Vermeidungsstrategien In: ZIP 2009, S. 245–254 (Zit.: *Götze/Winzer/Arnold* in ZIP 2009, Seite)
Grobys, Marcel	SE-Betriebsrat und Mitbestimmung in der Europäischen Gesellschaft In: NZA 2005, S. 84–91 (Zit.: *Grobys* in NZA 2005, Seite)
Hanau, Peter/ *Adomeit, Klaus*	Arbeitsrecht 14. Aufl. Neuwied 2007 (Zit.: *Hanau/Adomeit*)
Henssler, Martin/ *Willemsen, Heinz Josef/* *Kalb, Heinz-Jürgen* *(Hgg.)*	Arbeitsrecht Kommentar 3. Auflage Köln 2008 (Zit.: *Bearbeiter* in Arbeitsrecht Kommentar)

Henssler, Martin	Unternehmensmitbestimmung in Europa. Gestaltungsmöglichkeiten, Reformbedarf und neue Herausforderungen In: Der Gesellschafter 2011, S. 6-15 (Zit.: *Henssler* in Der Gesellschafter 2011, Seite)
Ders.	Deutsche Mitbestimmung und europäisches Gemeinschaft – Die Zukunft der Mitbestimmung In: Stiftung Gesellschaft für Rechtspolitik, Trier / Institut für Rechtspolitik an der Universität Trier (Hgg.), Bitburger Gespräche Jahrbuch 2006/1, S. 83-97 München 2006 (Zit.: *Henssler* in Bitburger Gespräche 2006, Seite)
Ders.	Mitbestimmungsrechtliche Konsequenzen einer Sitzverlegung innerhalb der Europäischen Union – Inspiration durch „Inspire Art" In: Söllner, Alfred/ Gitter, Wolfgang u. a. (Hgg.), Gedächtnisschrift für Meinhard Heinze, S. 331-355 München 2005 (Zit.: *Henssler* in Gedächtnisschrift für Meinhard Heinze)
Ders.	Bewegung in der deutschen Unternehmensmitbestimmung. Reformdruck durch Internationalisierung der Wirtschaft. In: RdA 2005, S. 330-337 (Zit.: *Henssler* in RdA 2005, Seite)
Ders.	Mitbestimmungsrechtliche Folgen grenzüberschreitender Beherrschungsverträge – Konzernbetriebsrat und Unternehmensmitbestimmung im grenzüberschreitenden Vertragskonzern In: ZfA 2005, S. 289-314 (Zit.: *Henssler* in ZfA 2005, Seite)
Ders.	Arbeitnehmermitbestimmung im deutschen Gesellschaftsrecht In: Baums, Theodor/ Ulmer, Peter (Hgg.), Unternehmens-Mitbestimmung der Arbeitnehmer im Recht der EU-Mitgliedstaaten, S. 133-158 Heidelberg 2004 (Zit.: *Henssler* in Baums/Ulmer)

Ders.	Unternehmerische Mitbestimmung in der Societas Europaea. Neue Denkanstöße für die „Corporate Governance"-Diskussion In: Habersack, Mathias u. a. (Hgg.), Festschrift für Peter Ulmer, S. 193-210 Berlin 2003 (Zit.: *Henssler* in Festschrift für Peter Ulmer)
Ders.	Die Unternehmensmitbestimmung In: 50 Jahre Bundesgerichtshof. Festgabe aus der Wissenschaft, S. 387-422 München 2000 (Zit.: *Henssler* in 50 Jahre Bundesgerichtshof)
Ders.	Umstrukturierung von mitbestimmten Unternehmen In: ZfA 2000, S. 241-266 (Zit.: *Henssler* in ZfA 2000, Seite)
Herfs-Röttgen, Ebba	Probleme der Arbeitnehmerbeteiligung in der Europäischen Aktiengesellschaft In: NZA 2002, S. 358-365 (Zit.: *Herfs-Röttgen* in NZA 2002, Seite)
Dies.	Arbeitnehmerbeteiligung in der Europäischen Aktiengesellschaft In: NZA 2001, S. 424–429 (Zit.: *Herfs-Röttgen* in NZA 2001, Seite)
Hromadka, Wolfgang/ Maschmann, Frank	Arbeitsrecht Bd. 2: Kollektivarbeitsrecht und Arbeitsstreitigkeiten 5. Aufl. Heidelberg 2010 (Zit.: *Hromadka/Maschmann*)
Hölters, Wolfgang	Die unbewältigte Konzernproblematik des Mitbestimmungsgesetzes von 1976 In: RdA 1979, S. 335-340 (Zit.: *Hölters* in RdA 1979, Seite)
Junker, Abbo	Europäische Aktiengesellschaft und deutsche Mitbestimmung In: ZfA 2005, S. 211-231 (Zit.: *Junker* in ZfA 2005, Seite)

Kisker, Olaf	Unternehmensmitbestimmung bei Auslandsgesellschaften mit Verwaltungssitz in Deutschland Baden-Baden 2007 (Zit.: *Kisker*)
Ders.	Unternehmerische Mitbestimmung in der Europäischen Gesellschaft, der Europäischen Genossenschaft und bei grenzüberschreitender Verschmelzung im Vergleich In: RdA 2006, S. 206–212 (Zit.: *Kisker* in RdA 2006, Seite)
Krause, Nils/ *Janko, Markus*	Grenzüberschreitende Verschmelzungen und Arbeitnehmermitbestimmung In: BB 2007, S. 2194–2197 (Zit.: *Krause/Janko* in BB 2007, Seite)
Lieb, Manfred	Arbeitsrecht 9. Aufl. Heidelberg 2006 (Zit.: *Lieb*)
Lunk, Stefan/ *Hinrichs, Lars*	Die Mitbestimmung der Arbeitnehmer bei grenzüberschreitenden Verschmelzungen nach dem MgVG In: NZA 2007, S. 773–780 (Zit.: *Lunk/Hinrichs* in NZA 2007, Seite)
Lutter, Marcus (Hg.)	Europäische Auslandsgesellschaften in Deutschland Köln 2005 (Zit.: *Bearbeiter* in Lutter)
Lutter, Marcus/ *Hommelhoff, Peter* *(Hgg.)*	SE-Kommentar Köln 2008 (Zit.: *Bearbeiter* in Lutter/Hommelhoff)
Mävers, Gunther	Die Mitbestimmung der Arbeitnehmer in der Europäischen Aktiengesellschaft Baden-Baden 2002 (Zit.: *Mävers*)
Manz, Gerhard/ *Mayer, Barbara/* *Schröder, Albert* *(Hgg.)*	Europäische Aktiengesellschaft SE 2. Auflage Baden-Baden 2010 (Zit.: *Bearbeiter* in Manz/Mayer/Schröder)

Müller-Bonanni, Thomas/ Müntefering, Michael	Grenzüberschreitende Verschmelzung ohne Arbeitnehmerbeteiligung? Praxisfragen zum Anwendungsbereich und Beteiligungsverfahren des MgVG In: NJW 2009, S. 2347–2353 (Zit.: *Müller-Bonanni/Müntefering* in NJW 2009, Seite)
Dies.	Arbeitnehmerbeteiligung bei SE-Gründung und grenzüberschreitender Verschmelzung im Vergleich In: BB 2009, S. 1699–1703 (Zit.: *Müller-Bonanni/Müntefering* in BB 2009, Seite)
Müller-Glöge, Rudi/ Preis, Ulrich/ Schmidt, Ingrid (Hgg.)	Erfurter Kommentar zum Arbeitsrecht 11. Auflage München 2011 (Zit.: *Bearbeiter* in Erfurter Kommentar)
Nagel, Bernhard/ Freis, Gerhild/ Kleinsorge, Georg (Hgg.)	Beteiligung der Arbeitnehmer im Unternehmen auf der Grundlage des europäischen Rechts. Kommentar zum SEBG, SCEBG, MgVG 2. Auflage Berlin 2010 (Zit.: *Bearbeiter* in Nagel/Freis/Kleinsorge)
Nikoleyczik, Tobias/ Führ, Thorsten	Mitbestimmungsgestaltung im grenzüberschreitenden Konzern unter besonderer Berücksichtigung der SE und grenzüberschreitender Verschmelzung In: DStR 2010, S. 1743–1750 (Zit.: *Nikoleyczik/Führ* in DStR 2010, Seite)
Preis, Ulrich	Arbeitsrecht. Kollektivarbeitsrecht. Lehrbuch für Studium und Praxis 2. Auflage Köln 2009 (Zit.: *Preis*)
Reichold, Hermann	Arbeitsrecht 3. Aufl. München 2008 (Zit.: *Reichold*)
Raiser, Thomas/ Veil, Rüdiger	Mitbestimmungsgesetz und Drittbeteiligungsgesetz. Kommentar 5. Aufl. Berlin 2009 (Zit.: *Raiser/Veil*)

Rolfs, Christian	Studienkommentar Arbeitsrecht 3. Auflage München 2010 (Zit.: *Rolfs*)
Richardi, Reinhard	Kollektives Arbeitsrecht München 2007 (Zit.: *Richardi*)
Richardi, Reinhard/ Wlotzke, Otfried/ Wißmann, Hellmut/ Oetker, Hartmut (Hgg.)	Münchner Handbuch zum Arbeitsrecht Band 2: Kollektivarbeitsrecht/Sonderformen 3. Auflage München 2009 (Zit.: *Bearbeiter* in Münchner Handbuch Arbeitsrecht)
Schaub, Günter/ Koch, Ulrich/ Linck, Rüdiger/ Vogelsang, Hinrich	Arbeitsrechts-Handbuch. Systematische Darstellung und Nachschlagewerk für die Praxis 13. Aufl. München 2009 (Zit.: *Bearbeiter* in Schaub Arbeitsrechts-Handbuch)
Schubert, Claudia	Die Mitbestimmung der Arbeitnehmer bei grenzüberschreitender Verschmelzung In: RdA 2007, S. 9–17 (Zit.: *Schubert* in RdA 2007, Seite)
Schupp, Antje	Mitbestimmungsbeibehaltung bei Veränderung der Unternehmensstruktur. Eine Analyse der gesetzlichen Beibehaltung der Unternehmensmitbestimmung bei Veränderungen der Unternehmensstruktur Baden-Baden 2001 (Zit.: *Schupp*)
Söllner, Alfred/ Waltermann, Raimund	Arbeitsrecht 15. Aufl. München 2009 (Zit.: *Söllner/Waltermann*)
Teichmann, Christoph	Mitbestimmung und grenzüberschreitende Verschmelzung In: Der Konzern 2007, S. 89–98 (Zit.: *Teichmann* in Der Konzern 2007, Seite)
Thüsing, Gregor	Deutsche Unternehmensmitbestimmung und europäische Niederlassungsfreiheit In: ZIP 2004, S. 381-388 (Zit.: *Thüsing* in ZIP 2004, Seite)

Ulmer, Peter/ *Habersack, Mathias/* *Henssler, Martin*	Mitbestimmungsrecht Kommentierung des MitbestG, der DrittelbG und der §§ 34 bis 38 SEBG 2. Auflage München 2006 (Zit.: *Bearbeiter* in UHH)
von der Linden, Klaus	Umstrukturierung von mitbestimmten Unternehmen nach deutschen Umwandlungsrecht und durch grenzüberschreitende Sitzverlegung Berlin 2007 (Zit.: *von der Linden*)
Weiss, Susanne/ *Wöhlert, Helge-Torsten*	Societas Europaea – Der Siegeszug des deutschen Mitbestimmungsrechts in Europa? In: NZG 2006, S. 121 – 126 (Zit.: *Weiss/Wöhlert* in NZG 2006, Seite)
Willemsen, Heinz Josef/ *Hohenstatt, Klaus-Stefan/* *Schweibert, Ulrike/* *Seibt, Christoph*	Umstrukturierung und Übertragung von Unternehmen -Arbeitsrechtliches Handbuch- 3. München 2008 (Zit.: *Bearbeiter* in WHSS)
Wlotzke, Otfried/ *Wißmann, Hellmut/* *Koberski, Wolfgang/* *Kleinsorge, Georg*	Mitbestimmungsrecht Mitbestimmungsgesetz, Montan-Mitbestimmung, Drittelbeteiligungsgesetz, Mitbestimmung auf europäischer Ebene - Kommentar 4. Auflage München 2011 (Zit.: *Bearbeiter* in WWKK)
Wollenschläger, Michael	Arbeitsrecht 3. Aufl. Köln 2010 (Zit.: *Wollenschläger*)
Zöllner, Wolfgang/ *Loritz, Kalr-Georg/* *Hergenröder, Curt Wolfgang*	Arbeitsrecht. Ein Studienbuch 6. Aufl. München 2008 (Zit.: *Zöllner/Loritz/Hergenröder*)